AF220718

Impressum

Bibliografische Information der Deutschen
Nationalbibliothek: Die Deutsche Nationalbibliothek
verzeichnet diese Publikation in der Deutschen
Nationalbibliografie; detaillierte bibliografische Daten
sind im Internet über dnb.dnb.de abrufbar.

© 2020 Christian Hofmann
Herstellung und Verlag: BoD – Books on Demand,
Norderstedt
ISBN: 978-3-7519-8904-6

Liebe Leserinnen und liebe Leser,

sehr herzlich darf ich Sie zu meinem vorerst letzten Werk begrüßen und einladen.

Neben der Entgegen der Zeit-Reihe, ist nun AUS LIEBE ZUR SPRACHE entstanden. Mit dem Band LOBLAND beende ich meine Lyrik-Reihe.

Im Jahr 2021 jedoch kehre ich zum Schreiben zurück, aber es stehen neue Projekte, Ideen und neue Kreationen vom Verfassen meiner Bücher bevor.

Wenn Ihnen liebe Leserinnen und liebe Leser, meine Bücher bis zum jetzigen Zeitpunkt gefallen und entsprochen haben, so lassen Sie sich überraschen, was im Jahr 2021 so auf Sie zukommt.

Genießen Sie die Vorfreude und tauchen Sie in diesen Band LOBLAND zunächst erst einmal ein. Im nächsten Jahr kommen dann neue und frische Projekte.

Ich freue mich sehr auf Sie, haben Sie eine gute Zeit bis dahin.

Herzliche Grüße

Christian Hofmann

Kapitel 1 – Frischer Wind im Segel

1. Das Leben in Frage stellen
2. Schönen Gruß an die da oben
3. Betongraue Wände
4. Tempo auf dem Gleis
5. Weit des Lebens
6. All die Jahre
7. 5 Tage die Woche
8. Feuer entflammen
9. Wie ich wirklich bin
10. Auf der Flucht
11. Menschen
12. Gejagt
13. Schablonen
14. Frischer Wind im Segel
15. Böses Erwachen
16. Schwer ist mein Herz
17. Fix und alle
18. Lärm und Trommeln
19. Das ist ein Anfang
20. Niederlagen machen stark
21. Weltchaos
22. Ruhe!
23. Fratzen
24. Träume geraubt
25. Der Saft ist weg
26. Also bis dann
27. Veränderung auf lange Sicht

28. Nix ist für immer
29. Ende meiner Kraft
30. Legalität der Egalität
31. Im Eifer des Gefechts
32. Gelernt
33. Auf den Fluss
34. Neue Träume formen sich
35. Über Gott und die Welt
36. Im Normbereich
37. #Aus Liebe zur Sprache 2
38. Mahlzeit
39. Nichts anzufangen
40. Schwarzes Haus
41. Eine neue Nachricht
42. Wenn dieser Tag endlich kommt
43. Von der Kette
44. Zwischen richtig und falsch
45. Die Zeit ist reif
46. Freunde oder nicht
47. Sommer ohne Freude
48. Auf die Schnelle
49. V8 Sound
50. Festival

Das Leben in Frage stellen

Wäre dieses Leben –
Dennoch lebenswert
Ohne Elektronik, ohne Plastik
Ohne Autos, nur Fußgängerverkehr!?

Wäre es das gleiche Leben
Für mich ohne Musik und ohne Bücher lesen
Oder würde es für mich –
Gar keinen Sinn mehr ergeben!?
Ich stelle dieses Leben hier in Frage
Mich eingeschlossen, bei allem was ich sage

Wir leben und sterben
Vergehen und verblassen mit der Zeit
Sag mir, denn ich frage mich –
Was von uns denn jemals übrig bleibt?!

Sind wir alle nur auf einer Reise?
Ein kleiner Effekt im Universum
Bis alles hier zu Ende ist –
Alles beginnt und geht rum!

Nur eine Sekunde
Im ganzen Zeitfenster
Wir kommen alleine, wir gehen alleine
Bleibt es alles dasselbe?

Schönen Gruß an die da oben

Das ist gegen ihren –
Verdammten Zwang nach Standard!
Gegen ihre Gier nach Vermögen

Die Gesellschaft knapp bei Kasse halten
Uns via Medien für dumm verkaufen
Bis wir hier alle verblöden!

Das hier ist – alle Fäuste in die Luft
Und gegen euch sein!
Eure Freiheit durch der Masse Tun
Der Duft nach des frischen Banknoten-Schein

Das hier ist ein –
Schöner Gruß, ganz nach oben
In die Elite-Reihe

Immer wenn ich denke
Texte sind am Ende
Kommt eine neue Ära –
Verfeinert zur Feier-Weihe!

Betongraue Wände

Meine Traurigkeit
Die keine Worte trägt
Sie ist wie das stille Schweigen der –
Eingerissenen und betongrauen Wände

Und ich laufe
An dieser Mauer entlang
So lang wie meine Traurigkeit –
Sie scheint ohne ein erreichbares Ende!

Die Sonne über mir
Die der Himmel verschließt
Eine letzte Träne sie noch
Auf mich hier unten gießt!

Ich habe ein Leben
Welches ich so nie gewollt habe
Trauer vergeht niemals!
Man lernt bloß mit ihr zu leben!

Tempo auf dem Gleis

Verausgabt, abgezockt, kaputtgespielt
Durststrecke zurückgelegt bis zum Ziel
Ausgebrannt, abgeranzt, Kraft verloren
Freude und Hoffnung vor Kälte erfroren
Zug des Lebens fährt im stetigen Tempo
Auf dem Gleis
Entweder gut festhalten oder, der Kopf fest –
In den Boden beißt!

Frontalaufprall, Totalausfall
Das gibt einen Schlag – Stromausfall!
Notbremse, Notfall, Notausweg
Alles aus der Not heraus, weil sonst nix geht!
Gitarre, Schlagzeug, Keyboard
Maus, Tastatur, Bildschirm und Frühsport
Wasserski, 1000m-Lauf, lauf weg und lauf fort!
Von hier bis in den nächsten Ort!

Frankfurt, Dortmund, Hamburg –
Schlosspark, Stadtwald und Residenz Marburg
Rhein-Main, Ruhrgebiet, Reeperbahn
Spazieren gehen, Texte schreiben an der Lahn!
Uhrzeit, Sturheit – Schulzeit, stuhlbreit
Tafelwasser und Brot gedeckt am Tisch
Bier und Cola zu Cola-Bier gemischt
Flasche „gezppffft" – und weggezischt!

Weit des Lebens

Kann nicht mal Gutes sein
Und das Gute dann auch bleiben?
Ich bin schon so weit gereist
Durch so viele Zeiten

Da liegen Momente zurück
Hätte davon gerne welche wieder
Wenn auch so ein kleines Stück
Die Augenblicke waren so schön

Da war ein Teil vom Leben
Frei vom Druck auf der Brust
Den ich so lange schon verspüre
Sowie den Kummer und den Frust

Diese Zeit von diesen Orten
Zumindest innerlich mir nah
Erinnerungen gehen nicht fort
Wenn man sie im Herzen trägt

Ich erinnere mich so gern zurück
An diese schöne Zeit
Sie liegt weit des Lebens schon zurück
Und der Weg dorthin liegt Jahre weit

All die Jahre

All die Jahre nie gewusst
Dass da was geht
Jetzt greife ich zu, denn später –
Ist irgendwann einmal zu spät

Heute ist der perfekte Tag
Das Leben nicht verschieben
Nur weil du denkst – irgendwann –
Ist alles immer so geblieben!
Jeder Tag ist ein Geschenk
Nichts ist selbstverständlich
Genieße jeden Augenblick
Denn nichts ist hier unendlich!

Heute die Chance
Morgen schon vertan
Im Leben allein kommt es –
Auf das Leben leben an!
Verwirkliche deine Träume
Folge deinen Zielen
Egal was auch geschieht
Lebe dich und deine Gefühle!

Liebe was du lieben möchtest
Bleibe wo du bleiben willst
Ich wünsche dir im Leben
Dass du deine Sehnsucht stillst

5 Tage die Woche

14 Uhr, 2 Stunden – solange sitze ich hier
Noch im Käfig - in diesem Loch
5 Tage die Woche, 4 Wochen im Monat
Dafür werde ich mit Bruttoentgelt bezahlt!

Mir macht es keinen Spaß –
Aber aus Spaß ist man ja auch nicht bei der Arbeit
Also quäle ich mich 8 Stunden am Tag
Diese verdammte lange Zeit!

In einem Käfig mit Vollidioten
Da bringen auch die besten Gedanken nichts
Denn hier ist alles für den Arsch
Da hilft nur das Ende dieser Schicht!

Die Kotze ist im Übel, das kollegiale Verhalten übel
Alles beschissen, für zum Kompost zu kippen!

Finde hier keine guten Worte
Keine positiven Aspekte
Alles so hoffnungslos
In der Lage, in der ich hier stecke!

Ich muss hier weg und zwar verdammt schnell
Denn hier ist es duster - bald wird es schon wieder hell!

Feuer entflammen

Ich sitze hier und rattere die Texte runter
Glaube ans Gute und warte auf Wunder
Hoffe, dass die Sterne in der Nacht doch stehen
Blicke in die Ferne, dorthin möchte ich gehen

Fasse Gedanken und Gefühle zusammen
Lasse tief in mir das Feuer entflammen
Ich gehe weiter und bleibe nicht stehen
Verfasse die Texte, will das Leben verstehen!

Ich will weg und zwar weit
Jeden Moment spüren meiner Lebenszeit
Alles kommt, ja! Und alles vergeht
Doch man funktioniert bloß, wenn man nie lebt

Mauern die hoch wie Berge sind –
Möchte ich überqueren bis ich angekommen bin
Alles wird gut, so ist es am Ende
Ist es nicht gut, bist du noch weit weg vom Ende!

Mut und Kräfte aus Neue sammeln
Tief im Innern verankern, wo die Wurzeln stammen
Das Herz groß wie ein Berg, weit wie das Meer
Der Horizont das Leben, nichts endet mehr!

Wie ich wirklich bin

Kein Mensch
Versteht wie ich wirklich bin
Niemand
Sieht dies in mir drin!

Niemand fühlt mein Leiden
Wie ich auf allen Vieren krieche durch die Tageszeiten
Tagein, tagaus – und nix ändert sich!
Will nicht jammern, doch es bedrückt mich!

Warum kotzt mich dieses Leben so an?
Weil ich die Wahrheit sehe und ich nicht mehr kann!?
Mein Puls der rast und ich rege mich auf
Freude, Lächeln – ist lange schon ausverkauft!

Stetig immer nur am Funktionieren
Mit „DURCHHALTEN"! – das Leben definieren!
Kann nicht mehr und will auch nicht mehr
Innerlich fast tot und trostlos leer!

Die Sonne strahlt und lacht mir zu
Normalerweise macht mich dies froh!
Doch in diesen Tagen bleibt meine Freude aus
Ich will nicht mehr, will nur hier raus!

Auf der Flucht

Auf der Flucht vor Zweifel und Gedanken
Auf der Lösungssuche des Problems
Ängsten und Kontrollverlusten –
Tief in die Augen sehen!

Trübsal und miesgestimmt
Das Gemüt, die ganze Laune
So wie es gerade ist, so bleibt es nicht für ewig
Nicht mehr auf lange Dauer!

Jammern, heulen, Scheiße machen
Lösung suchen, andere Sachen machen
Angst lähmt, Zweifel kein guter Ratgeber
Dem Ziele folgen, als starker Vertreter!

Wimmern und schluchzen
Alles kacke finden
Selbstmitleidsrausch
Die Kräfte schwinden

Falsche Dinge, Kräfteraub
Talentvergeudung und das Know-How
Weiß was ich kann, weiß was ich will
Werde es suchen bis ich angekommen bin!

Menschen

Mir fehlen die Menschen
Die mich verstehen
Es kostet täglich Kraft, mehr als ich habe
Um den Weg zu gehen!

Ich suche weder Tränen
Noch Mitleid
Nur Verständnis und ein Ohr
Zum Erzählen von all meinem Leid!

Warum ist mir manches –
Denn einfach zu viel!?
Warum stecke ich in meiner Haut
Und habe dieses Gefühl

So wie nun alles ist
Habe ich es nicht gern –
Fühle mich wie in die Ecke getrieben
Dann kommen die Gefühle von – ich will fliehen –

Nun ist jeden Tag derselbe Scheiß
Von früh morgens bis spät abends
So will ich es nicht, ist was ich weiß
Ich will weg, will ein anderes Leben haben!

Gejagt

Von Depressionen geplagt
Von der Angst gejagt
Auf der Suche in diesem Leben
Denn was ich brauche, kann es mir nicht geben!

In diesem Leben –
Kommt es nur immer darauf an
Funktionieren –
Um jeden Preis muss man!

Egal wie es einem geht
Und was man auch so fühlt
Keine große Verwunderung –
Der Mensch hier, er wird kühl!

Schmerz, Kummer, Trauer und Leid
Hass, Wut, Verzweiflung macht sich breit
Aggression wird gefördert auf diese Weise
Dieses Leben ist eine große Scheiße!

Gezwängt auf Wege
Und gepresst in Form
Gefangen im Käfig
In einer verfickten Norm!

Schablonen

Ich bin ich, mit meinen Eigenarten
Mit meinen Vorstellungen und Taten!
Wenn ich zusage, bin ich auch da!
Ganzkörperkontur – mit meiner DNA!

Ich bleibe wie ich bin, weil ich nicht zu verbiegen
Und auch nicht zu pressen bin!
Mich gibt's nur ganz, nicht nur halb – teilweise ohne
Ich bin mein Charakter, Wesenszug, keine Schablone!

Bin keine Pappe die man presst
Kein Rohling den man bedruckt!
Wenn mir etwas nicht passt
Wird's wieder ausgespuckt!

Ich spreche aus, das was ich denke
Kann ich dich nicht leiden
Werde ich mich von dir abwenden!
Denkst du merkst du nicht? Merkst du schon!
Bin keine Schablone, du Kopie – du Klon!

Ich gehe meinen Weg
So oder auch so!
Schablonen sind nicht meins!
Du Chloroform!

Frischer Wind im Segel

Frischer Wind im Segel
Volle Kraft voraus
Kopf frei und klar
Sommersonne auf der Haut

Wolken verzieren den Himmel
Zum schönen Himmelsbild
Freiheit fühlbar
Lebenslust, so unbändig wild!

Halte die Augen offen
Für gute Zeiten
Ich will sie erleben, sie genießen
Ihr entgegen gleiten

Träume blühen auf
Auf dem Weg zum Horizont
Mit purer Lebensfreude
Mach ich mich auf und wohlgesonn'

Keinen Platz für Gepäck
Was ich erhalten möchte, trägt mein Herz
Sorgen und Zweifel lasse ich los
Mit ihnen auch Seelenfrust und Schmerz

Böses Erwachen

Ein tiefer Fall
Ein böses Erwachen
Bleibt nur, wieder aufstehen um sich erneut –
Auf den Weg zu machen!

Scherben und Trümmer
Sie sind ein Teil vom Weg
Sie bleiben ein Bestand
Wie weit man auch noch geht!

Die Würfel fallen und
Die Steine kommen ins Rollen
Was die Vergangenheit schluckt
Es gilt als verschollen!

Die Zeit geht weiter
Denn sie bleibt nicht stehen
Liegen zu bleiben keine Wahl!
Weil die Wege des Lebens weitergehen!

Alles was geschieht bestimmt, nicht ohne Grund
Schwarz und weiß, fülle es aus und male es bunt
Bleibe bei dir und auf deinem Weg, in der Spur
Deine Schritte läuft niemand, diese läufst nur du!

Schwer ist mein Herz

Mein Kopf der schmerzt
So schwer ist mein Herz
Quälend erträgt es meine Seele
Wohin ich gehe und mich auch bewege

Ich ertrage meinen Zustand
Stimmen sind nur nervige Geräusche
Mein Kopf kann nix mehr verarbeiten
Meine neurologischen Schäden kann ich nicht täuschen

Herz klopft, Herz pumpt – Herzdruck
Bruststechen, Schwindel, Übelkeit
Alles schon normal vertraute Symptome
Seit so endlos langer Zeit!

Augen zucken, sehe nichts mehr klar
Auch das normal, schon lange da!
Es ist der Druck dieser Gesellschaft
Ich bin diese Society so satt!

Zittern der Hände, zittern der Stimme
Überforderung, ich halte inne!
Ich schreibe hier – THERAPIE –
Ohne schreiben müsste ich schreiben, aber wie!

Fix und alle

Ausgelaugt, müde, erschöpft
Fühle mich so im Arsch! Kann gar nicht sagen wie!
Möchten die Augen schon schließen?
Habe noch so viel vor, wäre etwas zu früh!

Fühle mich ausgepowert
Total unverstanden
Der Lebensgeist fragil untermauert
Gibt's noch einen Notlandeplatz zum Landen?

Total ausgepresst
Fix und alle, ich kann nicht mehr
Aufgeben keine Lösung
Doch eine Lösung die muss her!

Eigentlich liebe ich mein Leben
Doch etwas ist nicht liebenswert
Weil mein Verstand und meine Seele –
So im Arsch sind, es geht nix mehr!

Auch wenn ich mich bemühe
Und auch noch so sehr
Mein Kopf, meine Schultern
Die Last auf der Seele ist Steine-schwer!

Lärm und Trommeln

Die machen Lärm mit Trommeln
Ohne Sinn und Verstand!
Wir reichen uns die Fäuste, klatschen ab
Gehen durchs Feuer Hand in Hand

Die sind erfolgreich im Scheitern
Auf der Strecke geblieben
Wir haben Erfolg tief im Herzen
Weil wir uns lieben!

Die zählen Scheine, stapeln den Batzen Geld
Doch empfinden keinen Reichtum
Unsere Liebe erfüllt jede Leere, die werden uns nie –
Niemals im Leben gleichtun!

Die fressen reich und schwimmen in Moneten
Bist mein Stern unter dem Himmel, auf dem Planeten
Die sind erfolgsgetrieben, ich will nur leben und lieben
Die haben Kohle, so schwarz auch ihr Herz!
Die wollen immer mehr, also letzten Endes mehr –
Als ich vom Schmerz!

Die haben Angst Geld zu verlieren
Ich will mich so gern mit dir –
In all meinen Träumen verlieren!

Das ist ein Anfang

Gemecker, Gejammer – Gewimmer
Heule nicht rum, werde ein Gewinner
Trete dir selbst mal in den Arsch!
Das ist ein Anfang, mach einen Start!

Meckere nicht rum
Um etwas zu ändern, muss man was tun
Wut und Tränen bringen dich nicht weit
Sammele die Kraft und mache dich bereit!

Schwinge die Flügel, breite sie aus
Lass dich nicht fallen, probiere dich aus!
Was dich erfüllt, was du verdienst –
Ziele die gibt's, erreichst du nur, wenn du fliegst!

Wecke den Mut in deinem Geist
Das Ziel kommt näher, wenn du reist
Jeder Schritt, ist einer in die Richtung
Befreie dich aus der Angst und der Vernichtung!

Zweifelbefall, Konfrontation
Lautstarker Knall!
Schlage der negativen Fressen eine rein!
Befreie dich, lass es alles hinter dir gewesen sein!

Niederlagen machen stark

All mein Weg, all mein Tun bis dato
Eine Vorbereitung, Qualifikation – klaro!?
Der Werdegang des Lebens, Reifeprüfung
Eines Tages kommt der Tag, Meisterübung!

Jeder Rückschlag aus jeder Niederlage
Sind des Siegeszuges, goldene Gabe!
Mit jedem Ritt und dem Fall auf die Schnauze
Wurde den Schmerz auszuhalten stärker!

Belastungserprobung des Lebens
Aber immer vom Feinsten!
Bei allen Fehlern -
Den großen und den allerkleinsten!

Niederlagen machen stark
Der Wille wächst, reift und wird hart
Alles was war, es ist wahr
Allein ein Teil vom Ganzen, alles da!

Schmerzen ertragen und trotzdem wieder
Erneut den Kampf aufnehmen
Das ist der Lauf der Dinge
Das ist der Inhalt vom Leben!

Weltchaos

Weltchaos, Pandemie
Virusausbruch, Biologie-Chemie
Katastrophenschutz, Feueralarm
Armutsgrenze, Schere klafft, reich und arm!

Gesellschaftliches Schauspiel, psychochaotisch
Was ein Trauerspiel, klimatropisch
Topzustand oder Desaster
Vollkatastrophe, Straße voller Laster

Erderwärmung, Eisberge schmelzen
Höher hinaus, laufe auf Stelzen
Verliere keinen Preis, Überflieger, ganz ohne Scheiß
Verloren, kein Verlust – immer Ärger, totaler Frust

Unkraut vergeht nicht, leider – versteht sich!
Los gezogen „NIETE" – ausgezogen, zu hohe Miete!
Quasselstrippe, Suppenkasper
Massenwippe, Gruppenlacher!

Hochhaus, Tiefgarage
Billiger Einsatz, geringe Gage
Im letzten Monat, von diesem Jahr
Danach geht nix mehr, so viel ist klar!

Ruhe!

Brauche meine Ruhe, meine Zeit
Einfach meinen Raum
Dann zaubere ich hier Dinge hin
Wie aus dem schönsten Traum

Aus schwarz-weißen Seiten
Mach ich dir größte Farbenfreude
Aber bitte – bitte
Rückt mir nicht näher Leute!

Zeigt doch mal bitte Verständnis
Endlich wird der Mensch verständlich
Lasst mich sitzen und die Sonne scheinen
Schon kreiere ich euch Gedichte und Reime!

Lasst mich mal innehalten
Den Moment erleben, dann in den Zeilen festhalten
Fliegen wie ein Schmetterling
Mitten hier, im Leben drin!

Lasse wachsen, gedeihen und blühen
All die Freude des Lebens versprühen
Blumenfelder, grüne Wälder, alles gefällt
Gar nicht so kaputt, diese schöne Welt!

Fratzen

Ich will meine Ruhe
Von den ganzen Fratzen
Von den falschen Gestalten
Mit ihrem gespielten Verhalten

Abstand von den kollegialen Pflegefällen
Von dem Restmüll und den Abfällen
Von dem Biokompost
Der letzte Brief, letzter Gruß – Abschiedspost!

Will nix mehr hören und sehen
Von den Lappen, all denen
Sollen im Tigergehege spielen gehen
Werde mal zu Besuch hingehen!

Die sind Abschaum
Insekten, bloß Fliegendreck
Fickt euch ihr Ficker!
Noch mehr und dann weg!

Keinen Bock mehr auf euch
Beschissenes Gesindel
Seid wie das Körnchen im Wind
Na los, verschwindet!

Träume geraubt

Träume geraubt, Chancen verbaut
Ich begann zu fliegen so weit
Und habe neue Träume geträumt
Und mir diese aufgebaut

Flügel gestutzt, im Feuer gelegen
Aufgestanden und zu Asche getreten
Knüppel in die Knie, Schlag auf die Fresse
Wieder aufgestanden, um sie zu stressen!

Versucht, verloren, Einsatz und Niederlage
1000mal zurückgesteckt
Aber Aufgabe!?
Kam niemals in Frage!

Und ich fliege auch wenn –
Die Flügel brennen und zu Staub zerfallen
So oft gelernt aufzustehen
Nach jedem Fallen!

Bei allem was ich verlor
War die Trauer und der Schmerz auch groß
Der Wille ging durchs Feuer
Gehärtet wie Stahl, so ging es los!

Der Saft ist weg

Nimm es in Kauf
Oder lasse es raus
Läuft es nicht geplant
Mach dir nix draus!

Alles im Eimer
An solchen Tagen
Entweder läuft es glatt
Oder du gehst baden!

Zutiefst berührt
Oder aufs Eis geführt!?
Was geht ab, was ist am Start?
Nicht mein Job! Nicht mein Part!

Geschwalle, Krawalle, Mikrofon
Kein Applaus, der bleibt aus, ohne Ton!
Schreckschraube, Fahrradkette
Abgestürzte Brieftaube, Achsmanschette

Der Saft ist weg
Batteriebetrieb
Solaranlage, Alarmanlage
Schneller Abgang, Düsentrieb

Also bis dann!

Ein frischer Wind muss her
Auf die Schnelle, ja bitte sehr!
Luft ist alt und abgestanden
Gerade abgehoben, ich will nicht landen

Jetzt geht es gerade erst los
Wo war ich all die Zeit denn bloß?
Verdammt muss hin, wo die Luft rein ist
Ganz gleich, auch wenn ich da allein bin!

Deren Grenzen, sind meine
Sie verschwimmen allesamt
Deren Ende ist mein Beginn
Also bis dann!

Immer Richtung Sonne am Himmel
Entgegen dem Horizont
Ich lasse sie zurück, nie gedacht
So wie es nun kommt!

Augen zu und das Herz ist frei
Bleibe ganz bei mir – bye,bye
Eure Stimmen höre ich nicht mehr
Eure Gesichter verblassen bis hierher!

Veränderung auf lange Sicht

Innerlich kribbelt es mich
Nichts ändert sich
Also verändere ich, es ist veränderlich
So hoffe ich!

Durch das Träumen und durch das Denken
So ändert es sich nicht
Mut haben und es anpacken
Bis es so ist, wie es mir entspricht

Veränderung auf lange Sicht –
Was ich brauche, sonst erschlägt es mich
Lebensleid, Lebensfrust, meine Lebenszeit
Jeden Tag so bewusst!

Angst die mich einengt
Die mich, wenn ich loslaufe einfängt
Unzufriedenheit, mein Leid der Zeit
Schmerz der alten Vergangenheit

Was ich brauche ist Zuversicht
Was ich finde, das brauche ich nicht!
Schwere Lage dieser Tage, trübe Sicht
Alles geht, nur hier zu bleiben nicht!

Nix ist für immer

Schlechter Zustand, beschissene Lage
Harte Worte, die ich zu Papier nun trage
Mein Herz es rast, es sticht, zerspringt
Mir wird schlecht, was tun, wenn alles nix bringt!?

Ich quäle mich von Tag zu Tag
Keine Freude, die ich hier zu beschreiben hab`
Seele leidet bergegroß und meerestief
Wenn alles vergeht, spürt man nichts mehr!

Mir ist übel, gar richtig schlecht
Zum Koten so elend, aber echt!
Falscher Platz, falsche Zeit – Trauer und Leid
Ich muss hier weg, verdammt es wird Zeit

Jeden Tag der gleiche Gang
Bis zum Ende, ganzes Leben lang
Dem Tod ergeben dieses Leben lang
Von der Geburt, seit der ersten Stunde an!

Nix ist für immer
Nichts hält für ewig an
Trost und Trauer zugleich
Von heute und fort an

Ende meiner Kraft

Manchmal schweige ich
Obwohl ich doch so viel zu sagen habe
Schmerz und Leid
Auf meinen Schultern Last, die ich ertrage

Mir ist es zu viel
Ich komme ans Ende meiner Kraft
Keine mehr übrig
Weil ich sie komplett aufgebraucht hab'

Schmerz auf Herz, Rücken, Nacken und Brust
Geschmack des Lebens leer, Gefühle & Kontrollverlust
Das Lachen längst aus dem Gesicht gefallen
Unkonzentriert so geht's mir, Puls der rast
Atem erschwert, bekomme kaum Luft, was läuft denn
nur verkehrt!?

Dieses Stechen auf Brust und Herz
Atme schneller, fühle mich eingeengt
Die Luft wie abgeschnürt, Hauch des Todes
Der mein Leben kürt!

Verfalle in Panik, Hektik und Stress, Überforderung
Sie tritt ein! Ich denke mir für mich –
Schlimmer kann das Sterben nicht mehr sein!

Legalität der Egalität

Die Legalität
Meiner Egalität
Sie ist eine –
Fette Bremsspur breit

Gemecker und Genörgel
Es ist mir einerlei
Das geht mir echt
Meterweit am Arsch vorbei!

Mache ab jetzt die Dinge
So wie es mir gefällt
Bin schließlich nicht zum Gefallen
Hier auf dieser Welt!

Ziel im Kopf
Ziehe knallhart durch
Ohne Rückzug
Ganz ohne Furcht

Ich lache mich kaputt
Und ey, es ist kein Spaß
Kann nicht anders wie lachen
Bei allem wie es so kam!

Im Eifer des Gefechts

Leere im Herz
Bauch voller Wut
Damals im Dreck
Heute trage ich den Hut

Im Eifer des Gefechts
Um jeden Preis
Aus allem gelernt
Das war wahrer Fleiß

Die Situation gesprengt
Ohne Rücksicht auf Verlust
Hat Köpfe gekostet
Hass, Wut und Frust!

Aus allem doch –
Etwas für die Jahre gelernt
Näher zu mir selbst zu kommen
Vom Rest gut entfernt

Angst die mich trieb
Von Verzweiflung genährt
Immer und immer wieder
Doch habe es nie bemerkt!

Gelernt

Nicht nur Zeit vergangen
Auch viel dazugelernt
Fehler und Lektionen
Gehören dazu, einst belehrt

Entscheidungen getroffen
Mal gut, mal schlecht
Mal ins Grüne
Mal daneben, aber echt!

Pfeil und Bogen
Fiktion, Wahrheit, ehrlich und gelogen
Balken biegen, Wände krachen
Sachen packen, auf und davon machen

Radikal und rigoros
Ohne Pardon, ohne Tabus
Schnellschussentscheidung
Bewusst trage ich dunkle Kleidung

PSE
Periodensystem
Nix kapiert
Auf dem Schlauch stehen!

Auf den Fluss

Die Sonne scheint, alles klar
Sommer am Start, wunderbar!
Gute Laune greifbar nah!

Blauer Himmel, wolkenlos
So viele Träume unendlich groß
Ab auf den Fluss, mit dem Freiheitsfloß

Unter dem Sternenhimmel
Der Freiheit entgegen
Schatten und Nebel schwinden und Regen

Freiheit fühlen und spüren
Sonnenstrahlen die mich berühren
Grenzenlos und fabelhaft
Wieder einen nächsten Schritt geschafft

Auf der Reise durchs Leben
Auf das, was wir erleben
Glück ergreifen
Was ein Segen!

Neue Träume formen sich

Ein frischer Wind zieht auf
Legt sich über Land und Tag
Die Wolken malen das Himmelsbild
Die Luft ist frisch und klar

Ein frischer Geist vom Lebenshauch
Gefühle sie sind sonnenklar
Gedanken sind im freien Lauf
Alles lebt sich leicht und frei

Neue Träume formen sich sichtbar schön
Einzigartig und in vollem Glanz
Wie das Frühlingserwachen
Und der winterliche Märchentanz

Traumhafte Gedanken vereint
Mit allerschönster Fantasie
Ein Leben so schön beschrieben
Welch herrlich schöne Poesie

Das Leben, leben – sowie in Reimen sprechen
Durch Freude auch im Regen tanzen –
Graue Wolken so vergessen
Ein angenehmer Morgenwind, mit frischer Kraft
So gehe ich gesinnt

Über Gott und die Welt

Ich schreibe über alles
Über Gott und die Welt
Veränderung und Börsensturz
Über Menschen mit Heißhunger auf Geld

Börsenplätze – Wall-Street
DAX, Dow Jones und allerlei
Zick-zack-Kurventafel
Es ist Magic – Zauberei!

Die Einen jubeln, die Anderen heulen
Geld gesetzt, Geld verloren, ausgespielt
All in, all in, nix geht mehr
Große Augen, Tränen fließen

Schlussaus, jetzt ist sense
Vollgas im Slalom ohne Bremse
An die Wand gefahren, tja –
TOTALSCHADEN

Total verpeilt, Reichtum vertan vom –
Millionen-schweren Coup
Für clever, souverän gehalten
Für neunmalklug

Im Normbereich

Motiviert und ausschauhaltend nach
Anerkennung
Damals nicht bewusst, heute flächendeckende
Erklärung

Man bekommt kein Lob
Kein Zuspruch, keine guten Worte
Denn diese fehlen
Es fehlen an anderer Stelle von der Sorte!

Alles irgendwo im Normbereich
Alles geformt nach Schema
Egal wie das Ergebnis heißt
Es ist immer dasselbe Thema

Keine Neuigkeit in diesem Sinne
Nur einer von ganz vielen
Jugendlich dumm und naiv
Falsch interpretierte Ziele!

Wenn dein Gegenüber
Beschissen und mies behandelt wird
Kannst du nicht erwarten
Dass er dich mit Anerkennung nur so umwirbt!

#Aus Liebe zur Sprache 2

Alles nur so im Halbgriff
Keine trockenen Tücher
Am seidenen Faden
Dafür schreibe und mache ich Bücher

Mein Leben –
Das nie einwandfrei verlief
Weniger gerade
Viel mehr, dann doch schief!

Doch welches Leben
Sag schon ist perfekt!?
Verfasse hier mein Leben
Aus Liebe zur Sprache, yeah Hashtag!

Entgegen der Zeit
Zu allem Verwendungszweck
Anthologie des Lebens
Gefühlt, geschrieben und weg!

Buchreihe meines Lebens
Jeden Tag im Kopf so viele Dinge
Ob da draußen in der Welt oder in mir
Alles was ich zu Papier hier bringe!

Mahlzeit

Eine volle Dröhnung – der harten Realität
Hoch-prozentiges, mehr als man erträgt
Zu viel Wahrheit auf nüchternen Magen
Kotze und Galle, Krämpfe und Klagen

Besoffen von dem ganzen Tagesablauf
Nix bleibt inne, Schaum vor dem Maul!
Alles raus mit dem – was keine Miete zahlt
Probleme und News, der Schiss ist echt hart!

Schlägt auf den Magen, Nieren und Kopf
Politische Pampe, püriert, probiert, gekotzt!
Die Tageskarte mit dem ewigselben Menü
Ist es real oder lebe ich, in einem Deja-Vu!?

Jetzt flüchtest du in eine Welt hinein
Aus der Dunkelheit in den Lichterschein
Wo geht's denn hier lang, so ist man frei?
Alles wie es ist, ist so – aber kann doch nicht sein!

Eigene Welt aus Träumen erbaut
Aber realistische Mittel die man auch leider braucht!
Der ewige Kampf zwischen Leben und Sein
Gesellschaft ohne Herz, kalt wie ein Stein!

Nichts anzufangen

Weiß in meiner freien Zeit
Einfach nichts anzufangen
Gedanken rotieren im Kopf
Sie halten mich gefangen

Zwischen Träumen des Neubeginns –
Und dem was gerade noch ist
Dort ist wo die Zeit verrinnt
Es kann nicht bleiben wie es ist

Gegen meine Ängste und die Zweifel
Gegen das Ergeben und ausgeliefert sein
Halte stetig im Geiste dagegen
Es macht müde und träge so ungemein!

Es muss sich etwas ändern
Wenn es das nicht tut, muss ich es tun
Um jeden Preis, ohne Frage
Es ist wie Schach und ich bin am Zug!

Nervlich angeschlagen
Herz und Kopf überbeladen
Füße gehen einfach ihre Schritte
Doch so viel Last und Gepäck am tagen!

Schwarzes Haus

Ein schwarzes Haus im Nebelschein
Hunderte von Jahren alt, verlassen und allein
So unbewohnt steht es da am Wegesrand
Kahle Bäume, leere Felder, staubiger Sand

Verlorene Erinnerungen, vergessene Träume
Alt und marode, Latten hängen von den Zäunen
Wer hat einst, dort mal gelebt?
Welche Geschichte dieses Haus wohl trägt?

Dunkle Wolken ziehen oben –
Am trüben Abendhimmel
So unbewohnt, ruhig und leer
Ohne jeden positiven Schimmer

Könnten doch nur die Mauern reden
Was würden sie erzählen?
Was würden sie denn sagen –
Oder vielen einfach nur die Tränen?

Auch der Waldesrand schweigt vor sich hin
Windstill, er pfeift nicht über das Land
So seltsam und geheimnisvoll
Ist dieses Bild so insgesamt

Eine neue Nachricht

Eine neue gute Nachricht
Auf diese warte ich schon so lang
Jeden Tag, wenn die Sonne aufgeht –
So bricht ein neuer Tag dann an

Die Wolken malen neue Bilder
Im sturen Zeitverlauf
So sehr ich auch versuche –
Etwas festzuhalten, keine Chance darauf!

Mein Verstand und mein Herz
Blühen auf und sind riesengroß
Doch das Leben bietet nichts
Alles zieht und reißt die Leinen los!

In meinem Kopf sind Ideen
Träumereien und so viel
Alles unentdeckte Planeten
Will sie bereisen, aber wie!?

Das Leben lässt mir keine Zeit
Verpflichtet in Geschwindigkeit
Ein Leben ohne Leben, es vergeht!
Gott allein, kann in mir alles sehen!

Wenn dieser Tag endlich kommt

Mache seit Jahren schon
Was ich nicht will
Ich warte, bis der Wind sich dreht
Momentan steht er nur still

Wenn die Dämme brechen
Und der Ozean die Welle bringt
Ich werde bereit sein und der sein –
Der über den weiten Abgrund springt

Dann werden endlich alle meine –
Träume in Erfüllung gehen
Mit Tränen im Blick vor Freude
Ihnen dabei zusehen

Kann diesen Tag kaum noch erwarten
Solange ist er als Wunsch schon in mir
Und wenn dieser Tag dann endlich kommt
Dann hält mich keiner mehr hier!

Von der Kette

Ich bin keine Marionette
Kein Mensch mit Etikett, nicht von der Kette!

Habe viele Fragen aber keine Lösungen
Nur Ideen aber keine Umsetzungen
Nur Träume alle in meinem Kopf
Will vieles verändern aber es fehlt an Zeit und Kraft

Durchhalten müssen, es macht müde und depressiv
Ängste halten gefangen und machen den Mut klein
Ich weiß ich könnte viel, aber bin so müde von allem
Hauptsache man funktioniert, der Rest –
Er ist scheißegal!

Was ich will und brauche
Hat diese Welt da draußen nicht für mich!
Ich hasse das gesellschaftliche System
Entweder ihr könnte, oder könnt mich verstehen?

Hier geht's tagein und tagaus
Stetig immer nur ums Durchhalten!
Der Rest juckt nicht!
Scheiß Gesellschaft ganz da oben, so denk ich!

Zwischen richtig und falsch

Wo gehöre ich hin?
Wohin führt mich mein Weg?
Gehe ich weiter oder –
Bleibe ich stehen!?

So viele Richtungen zu wählen
So viele Kreuzungen im Leben
Wir müssen uns entscheiden –
Denn es ist keine Lösung, stehen zu bleiben

Egal was wir tun, zwischen richtig und falsch –
Da trennen sich die Wege auf jeden Fall!
Gut und Böse, Schwarz und Weiß
Das eigene Leben, ist des Lebens Preis

Tiefgründigkeit oder
Oberflächlichkeit
Wie auch immer dies alles verläuft
Wir sind alle ein Teil der Ewigkeit

Warum ist man wie man ist?
Glaubst du nicht, dass da was ist!?
Nichts geschieht ohne Grund –
Daran glaube ich, bis zu meinem allerletzten Punkt!

Die Zeit ist reif

Die Zeit ist reif
Ein neues Buch, das ich hier schreib'
Sende Gedanken aus meiner Welt
In der ich so gerne bleib`

Das Ergründen des eigenen Ichs
Bin mir sicher du verstehst mich
Auf der Suche nach dem Sinn im Leben –
Musst du dir selbst begegnen

Erkenne dich und deinen Wert
Er ist wichtig und nie verkehrt
Was du siehst und du verstehst
Ist von Bedeutung von höchstem Wert

All dein Besitz ist in dir
Denn der bist du selbst
Nichts ist wertvoller als dein Ich –
Nichts ist wertvoller als du selbst

Dein Leben, deine Gedanken
Deine ganz eigene Welt
Du bist Sonne, Mond und Stern
Alles was strahlt und das Leben erhellt

Freunde oder nicht

Freunde oder nicht
Dies entscheidet die Zeit –
Ganz für dich
Und nicht für sich

Sätze wie; Wenn man allein ist
Dann merkt man, wer ein Freund ist
Sie kratzen mich nicht!
Sätze wie; Wenn du in der Scheiße steckst
Zeigt sich wer ein Freund ist
Ist sowas von überflüssig!

Ich muss keine Aufmerksamkeit erregen
Um die von Freunden zu hegen!
Wenn ich nix mehr höre nach langer, langer Zeit
Ist es halt so, was solls!? Alles geht vorbei!

Ich brauche nicht beim Scheiß und Mitleid Freunde
Falsche brauche ich schon gar nicht, Leute!
Auch keine, dir mir mein Ohr abkauen
Und danach dann wieder abhauen!

Bei allen Schritten des Weges
Man geht sie so oder so allein –
Also drauf geschissen!
Es interessiert kein Schwein!

Sommer ohne Freude

Ein Sommer ohne Wärme und Freude
Kälte auf der Haut
Ein eisiger Atemzug
Ein Sommer ohne Sonne und Licht
Ein Sturm der braust
Ich habe genug

Der Sommer ohne Strand und Meer
Herbst im Herzen
Winter im Kopf
Der Sommer ohne T-Shirt und Sonnenbrille
Der Sommer bleibt aus
Wie gelöscht durch einen Knopf

Dieser Sommer ohne Lachen und Leben
Traurigkeit in mir
Leere die ich verspür'
Dieser Sommer so trostlos und ohne Glück
Kein warmer Sommerwind
Der meine Haut berührt

Was ist dies für ein Sommer?
Ein gefühlter Winter im Sonnenstich
Ein verregneter Herbst
Es ist nur noch ein Leben ohne dich

Auf die Schnelle

Auf die Schnelle schreibe ich jetzt
In ein paar Minuten einen Text
Thema egal, sowie die Seitenanzahl
Irgendwas kommt schon dabei heraus

Der Kopf ist immer voller Ideen
Schreiben ist ja ganz sein, Klientel
Wortwahl bedacht, nur kurz nachgedacht
Am Ende ist die Geschichte aus

Auf die schnelle, kurze Zeitspanne
Noch eine Hose und T-Shirt auf die Wäscheleine
Noch einen kurzen Sprung in die Badewanne
Frisch gewaschen, gespült der Dreck, so ist es fein

Auf die schnelle, kleine Runde
Noch ein Bier und einen Sekt im Bunde
Noch ein kurzer Besuch bei den Verwandten
Und auch schnell wieder weg von den Bekannten!

Auf die Schnelle eine lange Auszeit
Gut erholt, das muss gebraucht sein
Eine gute Zeit, auf die Schnelle für immer dann doch!
Auf die Schnelle weg und länger dann bleiben noch

V8 Sound

Auf der Straße ist es so laut
Höre den V8-Motoren Sound
Karre tiefergelegt, nicht nur die –
Auch das Hirn, das den Wagen bewegt!

Er brettert die Straße entlang
30er Zone, mit 140 kommt er an!
Dämlicher Idiot, da hilft nur eins!
Gebt dem mal sofort, Fahrverbot!

Ich habe grundsätzlich etwas gegen Blitzer
Diesen miesen Abzocker und Geldpisser!
Aber bei Schulen und Kindergärten
Sowie in 30er Zonen, gehören diese nicht verboten!

Sie erfüllen doch den Zweck
Dem Raser den verdienten Schreck!
Es geht um der Kinder Wohl und Kinderleben
Rasen auf den Straßen, ich bin dagegen!

Verkehrsberuhigter Bereich
Lappen weg! Beruhigt den Verkehr und zwar gleich!
Kein Pardon bei den „Rennpiloten"
Riskieren Leben nicht nur ihres, die Idioten!

Festival

Mit zerrissenen Jeans und Converse-Chucks
Aufs Festival – YEAH! It rocks!
Heavy Metal, Hardrock-Sound
Our life it goes round and around

Das ist das wahre Leben
Fallen lassen in die musikalischen Wellen
Die vielleicht einzige Regel!

Die geilsten Riffs und Chorde
Die besten Texte des Lebens
Melodien-Rausch-Rekorde

Heavy Metal life forever
Always stay strong –
Never alone, always together!

Es sind die Kinder des Metals und Rock
Mit guter Laune und Gleichgesinnten –
Das Leben feiern, darauf haben wir Bock!

Keyboard, Piano, Equalizer
Akustik oder E-Gitarre –
Schlagzeug und Bass
Jeder Ton ein Treffer, so das Wahre!

Kapitel 2 – Zwischen Kunst und Gabe

51. Nachdenklichkeit
52. Was ist wahr und was ist Traum? (Gesellschaft)
53. Einst vertraut (Gesellschaft)
54. Zwischen Kunst und Gabe
55. In aller Herrlichkeit
56. Ist schon lange her
57. Weit wie die Wellen und das Meer
58. Inhalt meines Lebens
59. Waldbeeren
60. Über den Höhepunkt
61. Im Schlaf gewälzt
62. Krieg für den Frieden
63. N8s erw8
64. Legend of Salazar (engl. Lyrics)
65. Weisheit
66. Erinnerung vom Moment
67. Firmament – der Himmel brennt
68. Jung und frei für immer sein
69. Neuer Glanz
70. Der Mensch
71. Mit uns mit
72. Roger Carlos
73. Fragst du dich nicht?
74. Aus dem Sommer
75. Der Nachbar Schwachkopf
76. Die Blätter der Bäume (Zur Erinnerung an Opa)
77. Glaube ans Gelingen

78. Flüche
79. Wirklichkeit erblicken
80. Kein Stein
81. Von deinem Leben
82. Auf Wegen
83. Frei!?
84. Meine Texte
85. Abhängigkeit der Gesellschaft
86. Wolf im Märchenland
87. Der Lichtblick
88. Letzte Nacht
89. Wochenlang
90. Fremdbestimmt
91. Keine Medizin
92. Fakt ist
93. Überall
94. Durch den Wind
95. Nachhaltigkeit
96. Große Träume
97. Harte Arbeit
98. Gedächtnis
99. Entfernter Stern
100. Zu wenig Zeit

Nachdenklichkeit

Ist die Schönheit schön
Nur weil sie Schönheit heißt?
Woher stammen Wort und Sinn –
Allesamt, sie so beschrieben sind

Wo ist der Ursprung der Sprache
Wie ist sie zu dem geworden was sie nun ist?
Ist sie nicht ein wunderschönes Mittel
Bist du nicht auch so entzückt wie ich!?

Man kann die Sprache verwenden
Sie lernen, sie sprechen und verstehen
Man kann mit ihr spielen und doch wahrhaft
Wunderschöne Zeilen kreieren

Bei jedem Wort, jedem Satz in einfach –
Wirklich jedem Brief
In allem steckt unsere Nachdenklichkeit
Solang die Menschheit schon schrieb

Was sagt die Sprache aus, was erzählt sie uns?
Geheimnisse, Geschehnisse, Momente –
Erinnerungen und Lebensereignisse
Sprache ist doch wahrhaft etwas wunderschönes

Was ist wahr und was ist Traum? (Gesellschaft)

Im Kopf dreht sich so viel
Zwischen all dem Mist und dem Stuss
Was ist hier noch wahr und was ist Traum
Oder erleide ich bloß einen Realitätsverlust?

Ich sehe diese Welt und die Gesellschaft
Voller Wut und Hass, sie ist so aufgebracht
Versuche zu schreiben, doch dabei zu viel gedacht
Glas Apfelwein und Cola dabei, gieße nochmal nach

Diese Welt macht einen depressiv und traurig
Bilder von Gewalt und Krieg, angsterfüllt und schaurig
Und die da oben wollen, dass wir uns einen hinter die
Binde kippen, Alkohol und Pillen, Joints und Kippen!?

Ist hier noch jemand wach, oder sind alle im Schlaf?
Schreibe ich weiter oder gieße ich nochmal nach!?
Diese Realität, sie ist so verdammt echt und knallhart!
Alles kein Spaß, kein Actionstreifen wie „DIE HARD"

Soll man hier Antidepressiva fressen und schlucken!?
Verfickte Scheiße, auf vieles kann ich besser spucken!
Normalerweise schreibe ich lieber in liebevollen Zeilen
Aber die hier verwendete Sprache, wird garantiert
doch mehr erreichen!
So hoffe ich doch! Also mach ich weiter, noch lange
nicht Schluss!

Einst vertraut (Gesellschaft)

Sicher und vertraut
Habe ich mich hier einst gefühlt
Doch es ist eine Zeit
Die schon lange und weit zurückliegt

Die Tage im Sandkasten
Mit Förmchen, Schippe und Eimer
Heute ist nichts mehr in heiler Welt
Denn alles geht bergab und ist im Eimer!

Früher war man Kind
Friedlich und lieb, Respekt vor Tier und der Welt
Heute ist alles wir zählt –
Trete weiter, trete fester, egal was steht und fällt!

Wo ist meine Heimat hin verschwunden?
Oder verdammt, habe ich sie nie gefunden?
Das Ganze macht traurig und ergibt keinen Sinn
Ich wünsche ich wache auf und dass ich nur am
Träumen bin!

Ich hoffe bin nur am Träumen
Und wache bald auf aus diesem Albtraum
Ich würde es mir wünschen mit aller Hoffnung
Endlich ein Ende! Aber ich befürchte kaum!

Zwischen Kunst und Gabe

Zwischen der Kunst und der Gabe –
Meiner Wunde und der Narbe
Der Herr Gott gab mir das Mittel der Sprache
Und so schreibe ich und bete ich um Gnade

Wenn ich falle meines Weges
Und im Schmerz am Boden liege
So bete ich zu ihm, dass er mir doch hilft
Wenn die Engel fliegen, können neue Zeilen fließen

Ich glaube an Bestimmung
Ganz egal, so oder so –
Vielleicht liegt nicht in allem Sinn oder ein Grund
Dann ist es halt so!

Doch was ich hier erlebe
Welche mächtigen Dinge ich erhebe
Gott ist an meiner Seite, kann nicht anders sein
Denn ich als Mensch, hab den Draht zur Poesie doch
nicht allein!?

Eigentlich ist es auch egal
Denn wichtig ist nur –
Dass meine Wunden heilen und ich euch auch erreiche
Wir sind nicht verbunden, aber laufen an derselben
Schnur!

In aller Herrlichkeit

Nehmen wir das Leben wirklich wahr?
Leben wir nur so nebenher?
Sehen wir wirklich alle Herrlichkeit?
Oder sind wir längst schon alle leer?

Was ist das für ein Leben –
Was der Mensch hier aus allem gemacht hat?
Es geht nur ums Blut vergießen
Wer am meisten Besitz und Macht hat!

Eines Tages wird der Himmel Blut weinen
Furchtbare rote Tränen werden fallen!
Wenn Gottes Gnade nicht mehr reicht
Wird sich ein jeder an den letzten Ast dann krallen!

Wenn die Engel erstickend vom Himmel fallen
Wenn ihre goldenen Flügel zu Staub verwehen
Dann ist es das Ende dieser Menschheit!
Alle müssen dem Tod dann in das Auge sehen!

Möge Gott Gnade walten lassen
Dass wir alle nicht im Paradies verbrennen
Denn wenn, dies so ist –
Gibt's nichts mehr zum wohin zu rennen!

Ist schon lange her

Das letzte Mal glücklich gewesen bin ich –
Das ist schon lange her
Erinnern kann ich mich nicht mehr
Meine Schultern sind von der Last so schwer!

Was soll ich noch tun
Was kommt noch auf mich zu
Ich habe Lust auf das Leben doch –
Bin ohne Rast und Ruh!

Mal wieder leben an so schönen Sonnentagen
Mal wieder richtig fit sein und ausgeschlafen
Das Leben in aller Wirklichkeit mal wieder spüren
Momentan betäubt, so kann ich nichts fühlen!

Wohin ging all die Leichtigkeit
Momentan macht sich die Schwere breit!
Der Kopf so voll und nimmt nichts mehr auf
Ich will gern weg und einfach raus!

Keine freudigen Botschaften mehr zurzeit
Das Glück es scheint so endlos weit
Am Himmel steht der letzte Stern
Nicht zu erreichen, denn er scheint zu fern!

Weit wie die Wellen und das Meer

Freiheit
Freiheit fühlen
Freiheit spüren
Weit wie die Wellen und das Meer

Mut
Mit Mut voran
Mit Mut begann –
Der Weg des Boten und seinem Heer

Ziele
Ziele haben
Ziele tagen uns
Den ganzen Weg weit schon bis hierher

Träume
Träumen verleitet Kraft
Träumen, dass man Dinge schafft
Was man erreicht hat, nimmt einem keiner mehr!

Leben
Du willst dein eigenes Leben
Du willst dafür alles geben
Du wirst stärker mit jedem Schritt, den jeder ist schwer!

Inhalt meines Lebens

Das Schreiben ist der Inhalt meines Lebens
Meiner Persönlichkeit Philosophie
Jeden Tag Zeilen verfassen, ist für mich eine -
Schriftstellerische Therapie!

Ich kann Situationen besser verarbeiten
Verkraften, begreifen, verinnerlichen
Das Schreiben ist meine Sucht, nach der ich mich sehne
Ich muss Reime kreieren und Zeilen dichten

Sehnsucht nach Tinte, Papier und Feder
So können Gedanken geformt, festgehalten werden
Es ist meine Sehnsucht, meine Sehnsucht
Tief in mir, ohne das Schreiben müsste ich sterben!

Das Schreiben holt mich in andere Welten
Trotz all der harten Realität sind es bessere Wellen
Ich fliege durch das Land der Lyrik und der Worte
Definitiv bin ich anders! Gehöre zu der Dichter-Sorte!

Ich blühe auf, wenn ich dasitze und schreibe
Schmerzen verblassen die ich am Körper leide
Schreiben ist meine medizinische Kur, mein Gegengift
Bei aller Liebe, ich brauche Füller und Papier, ohne
geht es nicht!

Waldbeeren

Es ist von Bedeutung und von Wichtigkeit
Jedem Wort von seiner Richtigkeit
Jedes ausgesprochene Wort ist lebenswichtig
Kleine Fehler sind nicht richtig!
So liefen zwei in den Wald hinein
Die Beiden gemeinsam aber zu zweit allein
Im Wald an den Sträuchern da wollten sie hin
Beeren pflücken, war ganz in ihrem Sinn!

Der Gefahr aber nicht bedacht
So haben sich auf den Weg tief in den Wald gemacht
Von weitem hörte man tierisches Brüllen
Doch die Beiden ließen sich nicht verwirren!
Es wurde dunkel und es wurde spät
Das Ziel Beeren mit man mit Nachhause trägt
So liefen sie immer weiter und verloren sich
Im Dunklen sieht man schlecht

Der Eine auf dem Weg zu Beeren
Der Andere auf den Versen von Bären
Der Eine ruft ganz erfreut und laut WALDBEEREN!
Der Andere läuft zu den WALDBÄREN!
Achte stets darauf, wie du was aussprichst
Denn man denkt, so tückisch ist die Sprache nicht!

Über den Höhepunkt

Über den Höhepunkt –
Geht's nicht höher hinaus!?
Drum lass sie reden
Mach dir nix draus!

Lebe dich aus
Lebendig kommt hier so oder so –
Niemand raus!

Wenn es dir gut geht
Dann heb ab
Im Takt und im Beat!
Greife nach den Sternen
Na los und flieg!

Sie wollen alle –
Das was du hast haben
Kriegen es aber nicht
Weil sie dein Gefühl nicht inne tragen!

Die werden es niemals schaffen
Werden es nie packen!
Denn du lebst dein Gefühl
Davon haben die keine Ahnung, diese Spacken!

Im Schlaf gewälzt

Ich drehe mich
Von links nach rechts
Im Schlaf gewälzt!
Von rechts nach links
Herz hüpft und springt!

Atme Sehnsucht
Atme sie tief ein
Halte die Luft an
1000 Gedanken im Kopf

Alles dreht sich
Und doch zugleich
Leben pausiert
Moment der passiert

Was ist wahr
Was ist gelogen
Alles dreht sich
Es katapultiert mich
In einen Wachschlaf

Krieg für den Frieden

Wird es ewig so sein?
Wird es ewig so bleiben?
Krieg für den Frieden –
Gefecht aller Zeiten!?

Der Mensch
Er lernt einfach nix dazu
Ich frage mich nur –
Auf welcher Seite stehst du!?

Rücksichtslos und –
Kalte Schulter oder
Entsetzt bei aller Grausamkeit
Wieder mal ein Toter!

Warum ist es alles wie es ist?
Welchen Platz und welche Rolle –
Spielen du und ich?
Ich bin ein Teil von allem,
so wie du es doch auch bist!

Da sind so viele Fragen
Verdammt sie häufen sich an
Wer hat all die Scheiße überhaupt erfunden
Und warum beenden wir es nicht!? Man!

N8s erw8

Schlaflos in der Nacht, ich lag wach
Und ich dachte nach
Gedanken kreisten um mich
Herz überdreht, Herz überschlägt sich!

Panikattacke!
Angstzustände
Ist dies der Beginn –
Vom Ende!?

Herzstechen
Herzbeben
Herz rast
Das ist mein Leben!

Manchmal hart
Die Begegnung mit mir selbst!
Doch bin auch ich, der –
Der mir hilft, wenn man fällt

Freund und Feind
In einem vereint!
Gedankenspiele, Gedankenspirale
Was für ein Leben, welches ich da habe!

Legend of Salazar (engl. Lyrics)

This legend is already old
People have told ...
This is the story of Salazar...

They say Salazar's an old ghost
He spooks in his manor...
850 years already
He was a man of honor!

He fought for his faith
Defended his property
He was fearless and strong
Some say he deserved only mockery

Salazar's name was in truth Connor
He got drunk in the bars of Scotland
Whenever he got drunk, he would turn into Salazar
In 1208, he became a legend

The reason Salazar became a myth.
Because he talked about pride, victory and glory
Possession won in every battle
He would live forever, as the story goes

When you enter this house today
You swear you can hear Salazar's scary voice

Weisheit

Natürlich verfüge ich nicht
Über die Weisheit unserer Väter aller Kriege
Unserer Väter der Revolution –
Unserer Väter der Bewegung und Veränderung

Aber mit inzwischen 34 Jahren
Besitze ich die Reife und bin lebenserfahren
Um genau folgenden Standpunkt zu definieren

Ich habe zwei realistische Möglichkeiten –
Im System der Gesellschaft zu funktionieren/leben!

Die erste Möglichkeit, sie ist womöglich die leichte -
Gleichzeitig auch die bequeme Variante!
Schön im eigenen Teller rühren, abgegrenzt
Von der ganzen Außenwelt –
Kein Blick über den Tellerrand und brav funktionieren!
So wie es Vaterstaat gern sieht und gern lenkt!

Die zweite Variante ist jene, für die ich mich entschied!
Ich habe über den Tellerrand hinausgeschaut!
Denn ich weiß, mein Handeln, mein Denken, mein Tun
Tragen der Verantwortung des Gesamtkonstrukts bei!

Ich habe gnädiger Weise, die Gabe erhalten
Wort und Schrift einsetzen zu können und zu dürfen!

Somit folge ich meiner Berufung!

Ich habe keine Angst –
Gegen das Rad der Gesellschaft zu steuern!
Ich habe eher Angst –
Mit diesem Rad zu zerbrechen!

Ich werde immer dagegen schreiben
Ich möchte Leute erreichen!
Leuten Mut machen!
Die, die ebenfalls über den Tellerrand schauten –
Und den Weg nicht zurückrudern wollen!

Meine Waffe ist das Wort und die Sprache
Ich setze sie ein
Und ich reiße dem System den Arsch auf!
Wir wissen doch längst wie unsere Gesellschaft tickt!
Jetzt wird es Zeit, jene zu erreichen die noch aus Furcht
die Augen geschlossen haben!

Halten wir zusammen und machen aus –
Politisch- und wirtschaftlich geführtem Krieg
Endlich eine Gesellschaft wie wir sie wollen!
Frei von Leid! Frei von Krieg! Frei von Terror!

Hunger, Elend, Tod, Leid, Angst - das ist unsere Realität
Friede, Leben, Freude, Glück – ist was wir alle wollen!
Meine Gesellschaftskritik muss raus!
Kampf dem Kapitalismus!!!

Nie wieder mehr hungernde Kinder!
Nie wieder Armut durch Reiche!
Nie wieder Tote durch Kriege!
Nie wieder Flucht aus dem Heimatland!

Nie wieder!
Für immer Frieden! Für immer FAIR
Nicht nur als Wort –
Sondern als Tatbestand!

Erinnerung vom Moment

Die Stimmung –
Sie ist windstill
Die Träume sie sind
Inhaltslos und in –
Dunklen Räumen drin

Der Tanz er –
Gleicht einem Monument
Zwar auch lebendig doch –
Nur eine Erinnerung
Vom Moment

Lebenshauch
So nah und vertraut –
Aber gefühlvoll –
Ist die Leere im Bauch
Und auf der kalten Haut

Wärme des Herzens –
Sie ist verstrichen
In alle Richtungen –
Unaufhaltsam entwichen
Freude steht ganz groß durchgestrichen

Firmament – der Himmel brennt

Dokument
Monument
Firmament
Der Himmel brennt

Staffellauf
Ausverkauf
Alles was du siehst
Das muss hier raus!

Berg und Tal
Barsch und Wal
Kopf oder Zahl
Wer die Wahl hat, hat die Qual

Karneval und Zirkusclown
Arbeit kann den Tag versauen
In der Politik werden Euro rausgehauen
Am besten mit geschlossenen Augen zuschauen!

Bier zu viel, die Nacht zu kurz
Zu hoch geflogen, tiefer Sturz
Wirtschaftssystem –
Nur der Mensch hier zählt, ist absurd!

Jung und frei für immer sein

Die Haut von der Zeit gezeichnet
Spuren die im Leben bleiben
Tief in unserem Herzen werden wir –
Jung und frei für immer sein

Wenn auch alles an Geschmack verliert
Weil die Vernunft so vieles realisiert
Ganz gleich was war und was geschieht
Wir werden jung und frei für immer sein

Bin so manche Zeit am Vermissen
In Gedanken vertieft hier am Sitzen
Wieder verstreicht ein Tag
Zeit ist wie ein Wimpernschlag

Wenn man sie braucht
Dann ist sie meist nie da
Schon so vertraut –
Bleibt doch alles wie es war!

Bleibt uns nur jene Erinnerung
Momente die in uns wohnen
Kein Stein wird auf dem andern bleiben
Wir werden jung und frei für immer sein

Neuer Glanz

Ein neuer Glanz
Im schönen Schein
Herrliches Leben
Komm sei mein

Ich nehme dich an
In aller Farbenpracht
Was hast du –
Dir noch ausgedacht?

Warmes Feuer
Meeresrauschen
Sternenbilder
Am Himmel schauen

Träume entstehen
Gedanken ziehen
Weit, so weit
In die Freiheit fliehen

Der Blick nach vorn
Auf zum Ziel
Welches heißt –
Endlos in die Freiheit ziehen

Der Mensch

Die Natur in ihrer Pracht
So wundervoll die Welt
Der Mensch vielleicht nicht hierher passt
Weil er Wald und Bäume fällt

Der Mensch zerstört sich
Und seinen Lebensraum
Sauerstoff wird mit Schadstoffen –
Verpestet, aus ist der schöne Lebenstraum

Wenn Gott die Welt die geschaffen
Was wird er über den Menschen wohl denken?
Hat er dem Tier mehr Verstand gegeben?
Wird der Mensch hier noch verenden?

Fragen über Fragen
Die mich bewegen, die ich mir stelle
Leben in der Dunkelheit
Sehnsucht haben wir nach dem Hellen!

Mit uns mit

Manchmal laufen Dinge so –
Wie man es nicht denkt
Hin und wieder überkommt das Gefühl
Als dass jemand die Wege lenkt

Zeichen, Schicksal und Bestimmung
Von Bedeutung jeder Schritt
Was hat das Leben für uns vorgesehen?
Welche Sterne reisen mit uns mit?

Welche Spuren setzen wir?
Ist es bedeutsam was wir tun?
Um dieser Frage Antwort –
Suchen wir, pausenlos ohne zu ruhen

Wer hält die Fäden
Dieser Welt in seiner Hand?
Entdecken wir auf der Suche
Neues unbewohntes Land?

Die Nadel schlägt aus
Doch zeigt die feste Himmelsrichtung
Entlang des Horizontes
Die Entstehung der Weltgeschichte

Roger Carlos

Momentane Lage
Stell bitte keine Frage
Alles geht drüber und drunter
Welt steht Kopf, Schiff geht unter

Der momentane Zustand
Ist ein ausgerufener Notstand
Land unter, Hals über Kopf
Fass übergelaufen, Not-Aus-Knopf!

Wasser bis zum Hals
Landebahn außer Sicht
Wellengang, große Flut
Letzter Damm der bricht

Alles gerät aus dem Ruder
Es versinkt im Chaos
SOS, SOS – Rettungswache
Wo ist Retter Roger Carlos!?

Segel fällt, Baum der brennt
Es sinkt das Schiff, es bricht der Griff
Mayday – Mayday, heilloses Chaos
SOS, SOS – Hallo Roger Carlos!?

Fragst du dich nicht?

Stellst du dir nicht –
Manchmal die Frage
Wie es anderen Menschen geht
Ist noch jemand in deiner Lage!?

Verschanz dich nicht
Igele dich nicht ein
Gehe auf die Menschen zu
Gemeinsam kann man stärker sein!

Fragst du dich nicht
Wem geht's genauso wie dir
Sei dir um eines bewusst
Anderen geht es auch so hier!

Verstecke dich nicht
Geh raus, mach was draus!
Lerne andere Leute kennen
Löse dich aus deinem Zuhaus

Gehe raus
Sprühe deine Träume in die Welt
Suche und finde Menschen
Denen deine Vorstellung gefällt!

Aus dem Sommer

Sommerluft
Sommerduft
Der schwülwarme Regen
So vertraut auf der Haut

Diese Briese von irgendwo
Ein vertrautes Stück Leben
Hängen geblieben in der Zeit
Gerade im Moment, mal wieder nehmen!

Muss aus dem Sommer –
Einer schönen Zeit sein
Wo Erinnerungen begraben liegen
Unter dem Sonnenschein

Der Sommer 2015
Auszeit – Neuorientierung
Ausrichtung der Gedanken
Meine neue Reformierung

So viele Jahre, Wochen und Tage
Wieder im Laufe der Zeit stecken geblieben
Was für ein Sommer es war!
Auf den Obstwiesen!

Der Nachbar Schwachkopf

Kapitän Bleifuß und Oberst Bremse
Treffen auf Herrn Volldampf und Frau Grenze
Leutnant Karacho im nächsten Gang
Trifft auf Fräulein Strecke-Nebenan

Der Nachbar Schwachkopf
Hat einen Brand im Treppenhaus
Zur Hilfe eilt ihm der –
Vollgelaufene Spirituosen-Klaus

Der Lehrer Gustav Hanse
Hat Spieleabend, er wird zur Transe
Total aufgedreht die Schülerbande
Es bricht des Stuhles Holzbein, der Schüler küsst die
Tischkante

Der Kontrolleur
Er verzettelt sich
Frau Sommer ist heiß
Bekommt einen Sonnenstich

Auf der Wiese dort steht das Rind
Es schließt die Geschichte
In der, der Ablauf total spinnt!

Die Blätter der Bäume (zur Erinnerung an Opa)

Das schönste Wetter
Ich kann es nicht fühlen
Des Lebens Liebe
Kann sie nicht spüren

Die Flüsse fließen
Und die Gedanken sie stocken
Das Leben im Einklang!?
Aber ich muss stoppen!

Die Wiesen blühen
Die Felder tragen Farbe
Aber ich trage Trauer
Das Grau und Schwarz der Tage!

Die Blätter der Bäume
Sie rascheln im Wind
Erfreuen sich des Lebens
Verstehe nicht, dass sie so glücklich sind

Die Zeit ist vergangen
Aber der Schmerz in mir geblieben
Wo auch immer du nur bist
Bitte ruhe in Frieden

Glaube ans Gelingen

Vernarrt, fixiert, verbissen
Der Glaube ans Gelingen wurde Sucht
Deprimiert und enttäuscht
Zu träumen hat mir nicht genutzt!

Ich reflektiere, dabei kreiere –
Ich immer wieder neu die Sicht
Das Nicht-Gelingen akzeptieren
Dies kann ich einfach nicht!

Der große Traum wurde größer
Er wuchs über mich hinaus
Kein Held, keine Ehre, kein Ruhm
Saal ist leer ohne Applaus!

Stehe ich als Narr
Allein im Zimmerlicht?
Die Bühne nur ein Teppich
Kein Publikum, kein Scheinwerferlicht!

An was habe ich geglaubt?
Welchen Dingen mich beraubt?
Was war der Antrieb in jener Stunde?
Das Schreiben, lediglich meine Naturheilkunde!

Flüche

Zauberer und Drachenkämpfe
Goldtaler am Wegesrand
Kobold, Zwerg und Feenstaub
Klingt nach meinem Märchenland

Hexen, Jäger und dunkle Magie
Zaubersteine und Zauberringe
Hochburgen und Schlossruinen
Alles schläft, wenn ich zu träumen beginne

Zauberkugel, Zaubertrank
Zauberwälder tief im Land
Schließe die Augen schau es dir an
Hast du Angst, nimm meine Hand!

Ich will weg
Fliegen, springen, laufen und rennen
Böse Flüche sollen –
Im Kreis des Feuers brennen

Wo die Vernunft nicht gegen ankommt
Dort will ich sein und bleiben
Hier bin ich wahrlich ich
Für jetzt und alle meine Zeiten

Wirklichkeit erblicken

Die Wirklichkeit erblicke ich
Sie ist im Spiegel drin
Gedanken und auch Träume
Sind nur in meinem Inneren

Real erscheint, was für uns greifbar –
In Form darstellt
Fühlt sich auch dein Herz so an –
Als wäre es größer als die Welt

Leben ist jetzt, der Tod ist Fakt
Leben nach dem Tod, Gedankengang
Wir leben auf der Erde
Wohin gehen wir – irgendwann!?

Nach Frieden ist der Wunsch
Wort und Gespräch
Der Krieg ist vor Ort
Er herrscht, er ist echt!

Gott ist nicht sichtbar!?
Weder für mich noch für dich!?
Wenn ich an nix glaube –
Aber etwas wacht über mich!

Kein Stein

Schönes Wetter, Sonne scheint
Ich sitze hier im Betonklotz drin
Da draußen findet das Leben statt
Hier drin verliert es seinen Sinn!

Fühle mich wie gefangen
Wie eingesperrt für bestimmte Zeit
Entspricht nicht meiner Vorstellung
Verdammt! Ich will die Freiheit!

Dieser Platz ist scheiße
Diese Berufung hier drin ist nicht meine!
Ich breche aus!
Es fliegen Trümmer, Brocken und Steine!

Hier bleibt
Kein Stein auf dem anderen liegen
Wenn ich
Hier fertig bin, kann der Beton fliegen!

Vier Wände die mich begrenzen -
Meine Ideen rauben, mich bremsen!
Zumindest versuchen sie es
Ich schreibe dagegen, ich tue es!

Von deinem Leben

Noch so viele leere Seiten
Sie sind zu beschreiben
Über das Leben und die Liebe
Über all die guten Zeiten

Kann gar nicht genug
Von diesen Seiten hier geben
Jeder Moment ist kostbar
Er ist ein Teil von deinem Leben!

Lebe stets immer bewusst
Liebe was du tust
Es gibt nichts was du musst
Wenn du dich in dir suchst!

Wenn du dich entdeckst
Dich, deinen Wert, deinen Sinn!
Dann wirst du bemerken
Du wirst verstehen, wie frei ich bin!

Frei von Programmierung
Frei vom Zwang, Standardisierung
Ich lebe mein Leben!
Schöne Momente, will ich nie wieder hergeben!

Auf Wegen

So viele Menschen
Auf Wegen und Pfaden
Geschickt und gesandt
Wer wird heute noch hinterfragen!?

Geblendet und geleitet
Blind geführt vom fremden Wort
Wir gehen, wir rennen – entfernen
Uns vom einst vertrauten Ort!

Wer wir doch wirklich sind
Erkennen wir es überhaupt?
Während wir uns mehr und mehr verlieren
Werden wir achtungslos beschaut

Jeder geht blind und stur
Seiner Linie treu die Spur
Keiner denkt, fragt oder sagt mehr was
Die Macher, die haben ihren Spaß

Willkommen auf diesem –
Doch so fremdbestimmten Trip
Ob wir wollen oder nicht
Wir alle stampfen doch die Schritte mit!

Frei!?

Lebe frei, sei glücklich
Tu was du willst
Kannst alles tun – ist doch eigentlich
Ein Satz der lügt!?

Niemand ist frei, wirklich frei –
Ist man doch nur wenn man Geld hat
Nur wer Geld hat, kann sich Freiheit
Größten Teils erkaufen!

Mit reichlich Geld bezahlst du
Deine Lebenszeit
Ohne genügend Geld rettest du dich bloß
Durchs Intervall der Zeit!

Darf ich eigentlich gar nicht träumen
Denn Träume sind surreal!
Sätze wie „du kannst alles erreichen"
Sofort aus allem streichen!

Zu nüchtern, zu real
Ich betrachte es wahr
Nur wer Geld hat, ist etwas freier
Als er es doch vorher war!

Meine Texte

Meine Texte sind
Richtwerte, Leitlinien, Gebote
Versuche mich dran zu halten
Bin ich froher Nachricht Bote!?

Ich bin nicht immer gleich
Doch die Grundhaltung ist da
Lügen und Intrigen
Denen krümme ich jedes Haar

Ich versuche Licht
In jedem Schatten zu sehen
Will ins Ziel gelangen
Bis zum Ende meines Weges gehen

Auch niedergeschlagen
Und mit der Last am Tragen
Will ich kämpfen und stark sein
Zu jeder Zeit meiner Lebenslagen

Will wie ein Tiger beißen
Wie der Löwe mit Mut ins Gefecht
Frei wie der Adler fliegen
Tief tauchen wie der Fisch vor dem Netz!

Abhängigkeit der Gesellschaft

Ich hasse Abhängigkeit
Dieser Zwang unserer Gesellschaft
Hierarchien und Positionen
Diese ganze Machenschaft

Will einfach meine Ruhe
Nix hören, sehen, wissen von dem Scheißdreck
Von den Banken verarscht!
Am Arbeitsplatz ist man nur ein Depp!

Depp vom Dienst
Bauer und Knecht
Malochen, schufften, blockern
Was hat man schon für ein Recht!?

Man soll gehorchen
Dem Staate dienen aufs Wort
Auf meine Knochen-Kosten
Vaterstaat bringt die Kohle fort!

Ein schönes faires Leben
Das ist ein schöner Traum
Die Realität ist scheiße!
Wahr! Doch man glaubt es kaum!

Wolf im Märchenland

Die Sonne verblasst
Im ach so schönen Tageshell
Graue Wolken ziehen auf
Es wird dunkel rasch und schnell

Wärme färbt sich
Zur unwohlfeuchten Atmosphäre dann
Der Wolf auf seinem Streifzug
Durch das Märchenland

Die grünen Wälder und die Wiesen
Sie ersticken zu Staub und vergehen
Der Abend färbt sich blutrot
Doch man kann es nicht sehen!

Alles schweigt so vor sich hin
Die Stimme verliert sich im Wald
Wo einst doch die Sonne schien
Ist es trübe und nur noch kalt

Dies alles ist für sie
Nicht wirklich greifbar aber da!
Sie schreibt es in ihr Buch mit zittriger Hand
Ihre Geschichte vom Wolf im Märchenland

Der Lichtblick

Durch meine Texte die schreib'
Reiche ich die Hand
Seelentrost und Hoffnung
Seelischer Beistand

Ich lasse die Sonne scheinen
Wenn dichter Nebel aufzieht
Ich bin die Wirkung
Treffe ein, wenn nix geschieht

Bin bei Pech und Schwefel
Das Ass im Ärmel
Deine letzte Karte auf die du setzt
Deine Hoffnung, wenn dich alles verlässt

Ich bin der Lichtblick
Bei dichten Wolken am Tag
Deine innere Stimme die –
Fürchte dich nicht sagt

Ich bin der letzte Ausweg
Wenn echt alle Stricke reißen
Ich bin deine Stärke, wenn es
Nochmal heißt – Zähne zusammenbeißen!

Letzte Nacht

Letzte Nacht
1000-mal gewälzt im Schlaf
Manchem Albtraum so nah
Nur fiktiv, doch sie wirken so wahr!

Atem der bricht
Puls der bebt
Pochendes Herz
Augen auf – prüfe ob ich leb'

Schwere auf der Brust
Ringe um Luft, Atemnot
Ohnmachtseintritt, nicht mehr weit
Ein kleiner Schritt, bleibe nicht, gehe mit

Frage mich was hier geschieht
Melodien im Kopf, Abschiedslied
Was kommt als nächstes!?
Was ist passiert!?

Biete ich dem Schock doch Einhalt
Stimme in mir, die im Nichts verhallt
Verkrampfung, zucken, kribbeln unter der Haut
Wie die Haltlosigkeit in mich reinhaut!

Wochenlang

Wochenlang zermürbe ich mir schon
Den Kopf voller Gedanken
Angst und Panik, ein Unwohlsein
Wo ich bin, kann ich keinen Treffer landen

Kopf beladen mit Terminen
Herz so schwer von all der Last
Das ganze Leben ein Puzzle
Wo kein Teil an das andere passt

Innerlich bin ich am Arsch
Fühle mich wie eine Abschlussfahrt
Kein Punkt, kein Komma, keine Wende
Will etwas greifen, aber voll die Hände

Wo ist die Ruhe und –
Die Gelassenheit geblieben!?
Keinen Bock auf Gesellschaft
will meine Ruhe, meinen Frieden!

Will frei sein verdammt!
Ich will mich verkriechen
Will dort sein wo meine Träume –
Alle aus dem Boden sprießen

Fremdbestimmt

Kein eigenes Leben
Keine Freiheit
Keine Entscheidung
Fremdbestimmt die ganze Zeit

Am Arbeitsplatz im Büro
Höre den Dreck der Kollegen
Juckt mich nicht –
Deren Anliegen und was sie reden!

Es nervt und strengt an!
Mich kotzt die Scheiße so an!
Ich muss es schreiben –
Weil ich gar nicht anders kann

Ich habe die Schnauze voll
Ertrage das Geschnatter nicht mehr!
Es steigert meine Unruhe
Druck auf der Brust, haltet das Maul!

Ich muss hier raus und weg
Gar keine andere Wahl
Ihr macht mich nervös und reizt
Meinen Zustand, haltet die Schnauze ich sage es nicht
nochmal!

Keine Medizin

Gegen die Gesellschaft
Gibt's keine Medizin
Also schreibe ich hier mein Lied
Die Kritik, um gegen sie zu ziehen!

Scheiß Politiker, scheiß Millionäre
Ich schreibe hier nicht aus Neid
Sondern gegen den Wesenszug, hoffe dass ihnen die
Kotze im Hals und die Scheiße im Darm stecken bleibt!

Sollen ersticken an ihren
Reich gefüllten Konten und Säcken
Ich wünsche ihnen alles nur nix Gutes
Keine Schande, wenn sie verrecken!

Jeder Abgang ist ein Gewinn
Eine Wohltat für die Welt
Es wird Zeit – es wird Zeit
Das einer nach dem anderen fällt!

Ich bin nicht brutal
Weder hart noch asozial!
Sehe bloß wie die Dinge sind
Uns geht's dreckig wegen denen
Es ist die Wahrheit, es ist real!

Fakt ist

Fakt ist, ich lebe in dieser Welt
Auf diesem Planeten
In dieser verfickten Gesellschaft
Es wird kein anderes Leben geben

Ich muss ändern was mich stört
Zumindest es versuchen
Denn wenn, ich versuche etwas zu ändern
Darf ich auch schimpfen und fluchen!

Mir geht so vieles gegen den Strich
Dass du lebt inbegriffen!
Penner wie ihr es seid
Muss man abschaffen, verpacken, verschiffen!

Überall

Überall die Bumsgesichter
Schattengestalten im hellen Licht
8 Stunden muss ich sie ertragen
Ob ich es will oder nicht!

Kann diese Fressen nicht mehr sehen
Auch nichts dafür, was in diesen Zeilen steht
Sind weder Freunde, keine Bekannten
Nur Arschkollegen und Tratschtanten!

Lästerrunde, Märchenstunde
Geschichten erfinden und dichten
Über alles und jeden abrotzen
Diskriminieren und vernichten!

Herrlich soziale Gesellschaft
Wunderschön dieser Arbeitsplatz
Hier kommt wahre Freude auf
Hier macht es einen Riesen-Spaß!

8 Stunden am Tag graits
Eine volle Dröhnung Bullshit!
Gehalt gleicht dem Schmerzensgeld
Bring eine Tüte zum Heulen für die Kollegen mit!

Durch den Wind

Bin am Limit
Das megastark
Ich nimm mit
Das Leben ist hart

Bin ganz und gar
Vollkommen durch den Wind
Perfekte Zeit zum Segel setzen
Vielleicht ein Träumer – wie ein Kind!

Bin total an die Wand getanzt
Volles Karacho mit Volldampf
Nix läuft wie am Schnürchen
Eher angespannt und total verkrampft

Ausgelassen – outrun
Nicht zu fassen, macht auch fun!
Fass läuft über, es wird Zeit zum Schwimmen
Hals über Kopf, Zeit zum Gewinnen

Bin der Erste im Bunde
Und befinde mich in letzter Runde
Ich besitze Kampfgeist
Was so viel wie – bereit zum Kampf heißt!

Nachhaltigkeit

Seit einiger Zeit schon geht's mir dreckig
Miserabel und beschissen!
Doch aus diesen miesen Zeilen
Wird noch Nachhaltigkeit geschissen!

Etwas woran ich mich erinnern kann
An harten Tagen
Weil mir dies hier etwas geben kann
Für all die Last die ich trage!

Ich gebe Power, ich denke, ich kreiere
Doch habe das Gefühl, es geschieht nichts
Kampfgeist, Mut, Wille und Kraft vorhanden
Doch es scheint, als reicht es nicht!

Ungeduld – dieser Puls in mir
Mit der Drehzahl zum Überschlag
Habe das Gefühl meine Zeit verstreicht
Dies bringt mir Zweifel, jeden Tag!

Es ist als würden meine Träume und Pläne
Nur skizzieren
Im Kopf hat alles schon Form
Muss es nur noch realisieren!

Große Träume

Meine Träume sind groß
Sie sind für mich wichtig
Nix erreichen und scheitern
Machen all mein Tun nichtig!

Große Träume – aber will
Doch gar nicht zu hoch greifen
Nur meine Wünsche erfüllen
Ziel erreichen, auf dem Boden bleiben

Mir bleibt momentan –
Nicht mal der Moment zum Genießen
Weil die Ziele pochen
Wörter rollen und Zeilen fließen!

Große Träume und viele Wünsche
Sie bleiben mein – und meine Ziele
Für die ich lebe, kämpfe –
Schreibe, leide und liebe!

Der Glaube an sich
Es ist der, der zählt
Bei allem was auch kommt
Was man auch im Leben wählt!

Harte Arbeit

Bilde ich es mir ein oder –
Wäre ich glücklicher mit Wunschziel?
Dieses Erreichen, in meinen Gedanken
Ein unbeschreibliches Gefühl

Doch es ist nicht wahr
Nichts davon ist real
Und keiner weiß was wird
Auch nicht ich, das ist klar!

Können wir alles erreichen?
Alles schaffen was wir wollen?
Ist es alles möglich?
Oder steckt das Schicksal in unseren Rollen?

Glaube, Hoffnung, Zuversicht
Wie hoch die Chance, dass alles bricht!?
Wie groß ist die Wahrscheinlichkeit
Kommt man mit harter Arbeit wirklich weit!?

Gedächtnis

Ich halte mein Gedächtnis frisch
Mit jedem neuen Reimgemisch
Zutaten: Tage, Leben und Farben
Belege der Zeit – Wunden, Pflaster, Narben

Lückenloser Text, Zeile für Zeile
Bin die Ruhe selbst, auch in Windeseile!
Gib mir Zettel, Füller und ich bleibe!
Gehe erst nach beschriebener Seite!

Hier steht alles schwarz auf weiß
Kein Wort stelle ich aufs Abstellgleis
In Traurigkeit gegen Depression
Aus voller Freude schreibe ich schon

Meine Gedanken sind frei
Uneingeschränkt und groß
Bin ich ein Meister der Worte?
Gerne reime ich bloß!

Dichter sein und Denker auch
Wortgebräu, der Lyrikbrauch
Gedichte, Poesie, Zitate wie nie
Verdammt! Ich liebe sie!!!

Entfernter Stern

Einsam wie ein weit entfernter Stern
So fühle ich mich hin und wieder –
Unpassend für der Welt Gefüge

Wie ein ungeformter Stein im Kreis
Auffallend nicht entsprechend
Doch ich weiß, dass ich mir genüge!

Sonderbar auffällig, nicht matt
Im Glanze des hellen Scheins
Völlig unpoliert und neutral

Wo alles auf SCHNELL getrimmt gestimmt ist
Bin ich nicht auf ZACK!
Ich bin wie ich bin, normal!

Besitze keine Facette
Keine aufgesetzte, angetackerte Grinsebacke!
Falle heraus, mit meinem Ausdruck!

Sie sind auserkoren
Als Paradebeispiel so glamourös
Auf die ich von hier gehörig spuck!

Zu wenig Zeit

Zu wenig Zeit
Habe ich doch viel von!
Alles knapp, kurz vor –
Habe ich reichlich, komm schon!

Das Maß zu voll
Es ist selten niedrig
Leichteste Stufe
Sie wird niemals schwierig

Ist das Küken geschlüpft
Und die Federn gerupft
Sind die Fussel beseitigt
Ist der Teppich gezupft!

Klamm und knapp bei Kasse
Taschen dauerhaft leer
Standard auf null
Wo nix ist, da kommt nix her!

Kapitel 3 – Lobland

101.Lobland
102.Leeres Blatt
103.Ideen
104.Batterie verbraucht
105.Von der Trauer zur Sonne
106.Was ich suche
107.Wie die gute Seite
108.Unterhaltung
109.Blockade
110.Träume Bahnen kreisen
111.Schwarz-vertraut
112.Betäubt und regungslos
113.Sündenböcke und Clowns
114.Letztes Buch
115.Bild im Kopf
116.Erpressbarkeit
117.Schöne Zeilen
118.Universum
119.In jedem Buch
120.Über 300 km/h
121.Offline
122.Wilder Schilder
123.Sekundentext
124.Schlechte News
125.Flicke Wunden

126. Danke für alles und nichts
127. Was ist die Wahrheit wert?
128. Alte Zeiten
129. In Scherben
130. Des Sieges Wert
131. Wohin ich will
132. Find dich heraus
133. Düster
134. Blog an Gott – Letzter Vers
135. Nix wie es ist
136. Glückseligkeit
137. Vom Rest zu wenig
138. Stundenreise
139. Der eigene Weg
140. Neuer Abschnitt
141. Listen und Fristen
142. In Bewegung
143. Neunundneunzig
144. Meine Sicht
145. In dieser Welt
146. Gegen die Armut
147. Alles im Plan
148. Tauziehen
149. Kopf im Sand
150. F wie Frei

Lobland

Verbrannte Erde
Verbrauchte Zeit
Auf der Suche nach Neuem
Richtungslos weit

Im alten Land nichts gefunden
Unterwegs im Neuland
Friedlicher Boden
Es wird mein Lobland

Vertrieben und vom –
Wind der Hoffnung getragen
Endlich Neues finden
Um zu bleiben, etwas haben

Mein Lobland
Oh, mein Lobland
Ist die Reise auch weit, bin mir sicher
Hinterher zu sagen, schön dass ich dich fand

Neuland finden
Wo die Träume eine Chance haben
Lobland, du mein Lobland!
Auf dem mich meine Füße tagen

Leeres Blatt

Ein leeres Blatt wird bedruckt
Mit den Zeilen die verfasst sind
Geschrieben mit Füller in der Sonne
Tinte getrocknet vom Wind

Das Buch wird gebunden
Texte geschrieben, in einigen Stunden
Buchband komplett, für mein Leserinnen und Leser
Von der Elbe zum Inn, von der Ruhr bis zur Weser

Unter freiem himmelblau
Oder auch beim Regenstau
Texte schreibe ich zu jeder Zeit
Wind und Wetter, ich werde es nicht leid

Die Sprache ist mein Leben
Sie fließt aus mir heraus
Schreiben ist meine Berufung
Meines Lebens schönster Rausch!

Auf den Bühnen stehen
Lesen und wieder herunter gehen
Neue Zeilen verfassen und verkünden
Wort und Schrift, Füller und Hand sich verbinden!

Ideen

Jeden Tag frustet mich der –
Ewig gleiche Gang
Ablauf, Trott, ich will ihn nicht
Mein Leben lang!

Ich bin ich, habe Ideen
Träume und Ziele, ich kann sie sehen
Ich lasse alles – ja alles –
Aber sie nicht vorüberziehen!

Ich beiße mich fest
Und ich greife fest, halte mich daran
Träume waren schon länger da
Seit meinem Leben schon an!

Realität, ich klicke dich aus!
Schon halte ich es besser aus!
Fick-Welt! Drecks-Geld!
Ich mache, was mir gefällt!

Ich will frei sein
Ich will frei bleiben
Heute! Jetzt und hier!
Für alle Zeiten!

Batterie verbraucht

Was bleibt zu tun?
Veränderung steht ins Haus
Nichts bleibt wie es ist
So schaut es aus!

Jeder Weg geht mal zu Ende
Jede Zeit läuft einmal ab
Nach dem Ziel wieder ein Start
Mach dich auf! Und mach nicht schlapp!

Wenn ein Ende sich nähert
Beginnt der Neuanfang
Geht's in verschiedene Richtung
Ziehe an einem Strang!

Batterie verbraucht
Ist auch der Akku leer
Frische Brise im Kopf
Holst du dir am Meer!

Gehetzt, zerfetzt
Oder doch entspannt am Strand!?
Wie es auch schaut –
Es ist der Dinge stand!

Von der Trauer zur Sonne

Von depressiv auf –
Die ganz andere Seite
Von der Trauer zur Sonne
Von hohem Wert wo ich bleibe

Von negativ und traurig
Ganz weit weg entfernen
Reise zum Mond –
Über alle Bahnen bis zu den Sternen

Von Kummer und Schmerz
Will ich doch weg, ganz weit!
Auf der Suche meines Findens
All dies ist meine Zeit

Vom Untergang an die –
Meeresoberfläche hinauf
Wenn auch als Letzter im Ziel
Ich mach mit beim Lebenslauf

Will der Fisch im Meer sein
Der frei ist und frei bestimmt
Wo alle nichts entdecken
Da empfinde ich den Sinn!

Was ich suche

Finde ich was ich suche
Werde ich mal vom Herzen glücklich sein?
Warum trage ich Angst und Traurigkeit?
Meine Sonne ist die Dunkelheit

Warum halte ich immer aus?
Trage ich für ewig Schmerz?
Immer diese Leere und Kälte
Druck und Stechen auf dem Herz!

Es packt, es reißt
Es zerrt an mir
Wund die Seele, sie brennt
Wie die Sehnsucht. Ganz tief in mir!

Keine rosige Aussicht
So viel steht fest, so viel ist sicher
Kerzen erlöschen im Wind
Dunkelheit, ohne Hoffnung-Lichter

Schmerz fließt durch meine Haut
Trauer die sich ihr Heim aufbaut
Leere, Stille – Einsamkeit
Stumm die Stimme, die in mir schreit!

Wie die gute Seite

Ich mache mal wieder Schreibtherapie
An Ort und Stelle hier
Schreibe über vieles
Fertiggestellt zeige ich es dir

Schreibe über alles
Was mich so bewegt
Wie der Sturm auf dem Land
So er über Felder fegt

Oder wie der Schnee
Der leise rieselt und fällt
Ganz weiß verzaubert
Er mit Flocken diese Welt

Oder wie die –
Ganz sanfte, ruhige Melodie
Der Klang im Takt
Der dich erreicht, dich einholt und packt!

Wie die gute Seite eines Buches
So schön beschrieben
Das ist für mich
Meine Schreibtherapie!

Unterhaltung

Diese Gesellschaft
Sie braucht Unterhaltung –
Zur Verblödung
Nicht zur Entfaltung!

Die Leute brauchen Leute
Welche am Pranger stehen!
Die man verhöhnen kann
Die zum Beleidigen, in der Öffentlichkeit stehen!

Sie wollen Rampenlicht
Bühnen und Stars
Ausgebuht, verheizt, Opferlamm gestanden
Verspottet und das wars!

Sie wollen lachen
Sie wollen ihren Spaß haben
Jemand muss herhalten
Über die sie herziehen und tratschen!

So ist unsere Gesellschaft
Auf Spott und Verrat getrimmt
Ruhm und Ehre dem Tölpel
So sind sie wohlgestimmt!

Blockade

Der Kopf weiß er muss
Das Herz schwer, Freude leer
Kummer und Traurigkeit
Ist die Straße, meiner Seele Teer

Vernunft ist beladen
Mit dem Pflichtbewusstsein am Klagen
Doch da gibt's keinen Richter
Hart und schwer, Leben in mir in diesen Tagen!

Der Wille er blinkt auf
Wie die Glut des Feuers
Aber er schafft es nicht raus
Wie die Kralle eines Ungeheuers!

Der Geist weiß er muss
Leben will gelebt sein
Doch so wie es gerade ist
Kann es nicht ewig bleiben

Blockade zwischen
Dem Hirn und dem Bauchgefühl
Irgendwo dazwischen
Da stehe ich mittendrin

Träume Bahnen kreisen

Lass die Träume ihre Bahnen kreisen
Lass die Gedanken in die Freiheit schweifen
Folge dem Regenbogen und den Wolken –
Die sich färben zu Gold!

Lass die Zweifel ziehen
Lass die Ängste in die Nächte fliehen
Spüre wie dein Herz aufblüht
Im Silbermond und Sternenzauber

Lass dir Flügel wachsen
Lass so die Grenzen überwinden
Auf in ein neues Land
Um ein neues Stück vom Glück zu finden

Raupen die zu Schmetterlingen werden
Sie sollen dir die Wege zeigen
Mit Gold bestaubt nun deine Hoffnung
Sie ist in dir, dort soll sie bleiben

Wege enden wo die Himmelwege –
In aller Richtung weiter gehen
Alles was du träumst
Kannst du in der Zukunft sehen

Schwarz-vertraut

Traurigkeit die mich bedeckt
Sitze da und spreche kein Wort
Viele Dinge in den Sand gesetzt
Scheiße gelaufen, doch was solls?

Legt sich mein Gefühl das ich hab'
Chronisch mir an den Tag?
Wie es auch ist, es ist –
Was mich zerstört und ich nicht mag!

Mit leerem Blick schaue ich hin
In meinen Tag hinein
Schwarz-vertraut, zumindest dies
Ist ein Gefühl von Sonnenschein

Ein weiter Weg der schon
Hinter mir liegt
Mein Sound, mein Rhythmus
Der im Repeat spielt

Schmerz der sich frisst
Bis unter die Schädeldecke
Absprung! Habe ihn verpasst!
Tiefer Sturz in trüber Ecke!

Betäubt und regungslos

Sinne benebelt
Lässt uns nicht gut denken
Betäubt und regungslos
Gute Ideen verschwenden

Der Verstand
Am Rande des Wahnsinns
Wie sehr man es auch blickt
Wie nah er auch ist!

Keine Chance zu entfliehen –
Aus den Klauen der Ohnmacht!
Wie die Fresse des Monsters –
Der Depression dir ins Gesicht lacht!

Bei noch so hellem
Tageslicht und Sonnenschein
Fällt die Dunkelheit
Durch deine Haut in die Seele rein!

Hier gibt's nix zu verschenken
Keine guten Geschichten
Und ich schreibe dies hier in der Hoffnung
Das Böse zu vernichten!

Sündenböcke und Clowns

Die Sündenböcke und die Clowns
Sie dürfen aus dem Vorhang schau'n
Zuruf vom Publikum, rein in die Manege
Lasst das Spiel beginnen! Lautet die Devise!

Affenzirkus, wild die Menge
Das Grölen und Klatschen der Masse
Entsetzte Gesichter!? NEIN!
Sie sollen doch alle lachen!

Die Menge tobt, der Jubel bebt
Das Zirkuszelt, Lebensspiel –
Ihr sollt lachen, alle miteinander!
So ist es recht, lasst Popcorn fliegen!

Die Masse soll sich suhlen
Sie hebt ab in den Rausch
Die Clowns und Sündenböcke betört
Macht weiter! Hört nicht auf!

Die Masse sie will etwas sehen
Ring frei! Zieht in die Schlacht
Blut soll fließen!
Erst dann, ist es eine gute Nacht!

Letztes Buch

Ich glaube
Mein letztes Buch schreibe ich –
Wenn ich meinen Traum erreicht habe
Wenn ich vom Schreiben leben kann, keine Frage!

Doch das Schreiben ist mein Leben
Ohne dies, kann ich nicht mehr leben
Dem Wort und den Reimen verfallen
Weiß ich nicht weiter, lass ich mich in Worte fallen!

Diese Zeilen sie sind mein Halt
Das Licht in trostloser Lage
Bin wie im Wachschlaf
Bis hin zu besseren Tagen!

Bücher schreiben ist meine
Großartige Bestimmung
Mein geistiges Vermächtnis
Meine eigene Besinnung!

Bei allem was die Masse auch –
Flutet und spült
So weiß ich, dass jedem meiner Worte
Wieder frischen Gedankens blüht!

Bild im Kopf

Ein großes Bild im Kopf gemalt
Einen großen Traum hab' ich gehabt
Es ist zu Ende, ausgeträumt
Noch vom Leben übrig, nicht alles versäumt

Alles mich verletzt, zerfetzt
Mich beißt, zerreißt
Kann ich allen Sprachen sagen
Doch helfen kann mir keiner!

Harte Worte
Werde die Wahrheit
Durch das Leben bis zu –
Meinem Grabe tragen!

Abschiede tun weh
Werde des Abschieds Trauer tragen
Alles gegeben vom ersten –
Bis zum heutigen Tage!

War eingeengt
Erkenntnis
Habe gekämpft, suche mir
Den besten Platz im sozial-gesellschaftlichen Gefängnis!

Erpressbarkeit

Woher der Frust, der Druck in der Brust?
Kann ich ihn bezwingen
Woher das Leid aus all der Zeit?
Wird es verklingen!?

Woher der Unmut?
Woher die Verstimmung?
Falsche Berufung!
Falsche Bestimmung!

Für wen immer funktionieren?
Wen immer beeindrucken sollen?
Warum immer tun, was alle –
Von einem verlangen und wollen!?

Es ist die Qual
Die Qual an sich ist
Dass ich meine Zeit
Wo ich nicht sein will absitz!

Aber die Erpressbarkeit
Ohne Geld kein Leben! Todeszeit!
Ohne Geld kannst du nicht leben
Eingetrichtert, geimpft, eingeredet!

Schöne Zeilen

Dies schreibe ich nicht
Zum Gefallen schöner Zeilen
Sondern um mich endlich –
Und endgültig zu befreien

Die Träume und Wünsche
Wecken Sehnsucht in mir
Sie wollen sich entfalten
Frei von dem hier, dem Papier!

Hier zieht ein frischer Wind durch
Ein ganz neuer Hauch
Meine Träume wollen leben und –
Dass ich mit ihnen ins Volle tauch

Kein Platz mehr frei für –
Hätte, wenn und vielleicht
Grenzen und begrenzt sein
Ist das, was mir so lange reicht!

Neue Sterne sind am weiten
Himmelsbild zu sehen
Weisen mir den Weg
In ihre Richtung werde ich gehen!

Universum

Was ist Zeit?
Was ist die Wirklichkeit?
Wahrnehmung und Gefühl
Zukunft und Vergangenheit

Zeit, Gefühl, Erinnerung
Kein fester Körper doch Bestand
Nicht wirklich greifbar
Nur im Geist aber nicht in der Hand

Physisch, chemisch
Psychisch, seelisch
Zellenstruktur, Substanz
Partikel, Kontur – Pigment und Kranz

Atome und Bakterien
Neutronen, Protonen, Elektronen
Universum voller Viren
Erde, Planet – Welt die wir bewohnen

Mensch, Pflanze, Tier und Baum
Sonne, Stern und Mondkrater
Realität, Fantasie und Lebensraum
Kinder, Mama, Papa, Mutter und Vater

In jedem Buch

Jeder meiner Texte
Ergibt im Gesamt einen Teil
Doch jeder für mich
Ist für seine Welt auch ein Teil

Alle Texte zusammen
Sie sprechen meine Bände
Aber Text singular
Steht für sein eigenes Ende

Viele Texte
Viele Gedanken und Emotionen
Alles erlebt
Teile meiner Stationen

So vieles gedreht und gewendet
Der großen Lösung Suche
Mich selbst gefunden
Beschrieben in jedem Buche

Die Philosophie
Des Lebens wahrer Sinn
Auf dieser Suche
Ich mein ganzes Leben bin

Über 300 km/h

Zeit läuft
Tachonadel schlägt
Flagge geschwungen
Pilot und Bolide sich bewegt

Kopf an Kopf
Rennduell
Als Erster ins Ziel
Möglichst schnell

Herz rast, Puls bebt
Adrenalin
Motor rotiert
Stimmung ist zu spüren

Fuß am Pedal
Über 300 km/h
Der Motor pumpt Benzin
Rennfinale – komm ins Ziel

Championship
Motorsport, erste Klasse
Podiumsplatz
Profifahrer, Weltklasse

Offline

Offline-Modus, vom Netz genommen
Neu gestartet, neu begonnen
Akku war leer, Kopf geraucht
Akku geladen, SIM getauscht

Empfang gestört, Empfang getestet
Signal neu ausgerichtet
Sender und Empfänger
Es empfängt der Empfänger

Pause eingelegt, Ladestation
Wieder aufnahmebereit, in Aktion
Bin wieder in Betrieb, großer Bereich
Daumen hoch, zugestellt, eingereicht

Gesendet, empfangen, gelesen
So tun, als wäre nie was gewesen
ABC, 123, Hashtag –
Sonderzeichen auch dabei

-Piep-Piep- und Vibration
You've got a message
OK!
Entsperr-Tastenkombination-Funktion

Wilder Schilder

Straße voller wilder Schilder
Blitzer und Zonen-Gebiete
Überfüllte Straßen
Parkverbot und Schienen

Im Netz der Stadt
Wo das Leben pulsiert
Wo der Fahrer fährt
Und der Ordnungshüter kassiert

Durch die Metropole
Fenster offen oder oben ohne
Frei durch die Straßen fahren
Obacht aber auf die Straßenbahn

Verkehrsinsel nur im Kreis
Verkehrte Insel, kein Urlaub – so ein Scheiß!
Ampeln blinken im Lichtzeichen-Modus
Raus aus der City, der Start des Turbos

Sekundentext

Was kann ich tun
Bei Langeweile?
Stift in die Hand
Erste Zeile

Noch ein paar Parts
Reim und Klang
Gedicht kreiert
Keine Minute lang

Blatt Papier
Welt im Kopf
Schreibe los
Ganz ohne Knopf

Paar Sekunden
Lass mich weilen
Zu lesen kriegst du
Diese Zeilen

Schlechte News

Attention! Achtung! Achtung!
Pressemitteilung, schlechte News!
Sie verkaufen sich gut!

Keiner will die Wahrheit wissen, weil Lügen –
Actionreicher sind
Die Gesellschaft unzufrieden, also Medien-Schmu
Geschenk fürs Kind!

Alle hören hin und zu
Wenn wieder jemand zerrissen wird
Sozialverhalten ist nur ein Wort
Sie machen es uns vor in der Politik

Promis im Container
Deutschland braucht die Entertainer
Castingshows und Einheitsbrei
Komm mach mit und sei dabei!

Das Volk verarscht und Brot mit Spiel
Wer nix mehr hat, der verliert nicht viel!
Politiker die Marionetten –
Wir tragen ihre schweren Wirtschaftsketten!

Flicke Wunden

Ich expandiere
Und ich transferiere
Meine Sorgen und Probleme
Ich katapultiere
Und extrahiere
Schlechte Gefühle und trübe Seele

Werfe Steine
Von meinem Herzen
Flicke Wunden, heile Schmerzen
Alles ganz tief
In mir – zur Rettung
Von dort bis hier!

Gegen Dunkelheit
Und gegen Einsamkeit
Ist der Inhalt hier geweiht
Schutzpatronen
Und Mantelkutte
Gegen die Gesellschaft, die ganz kaputte!

Danke für alles und nichts

Die Zeit der großen Kämpfe
Vielleicht vorbei
Jedenfalls sage ich den Reimen
Adieu, macht's gut! Bye-bye

Eine Menge Holz verbrannt
Auf Scherben und Splittern lang gerannt
Verdammt! War das eine Zeit bis heut!
Keine Zeile die ich je bereu!

Abschiedsfeier, Freudenfest
Wie nah dies sich zusammenlegen lässt!
Traurig für die letzten Zeilen!
Glücklich für das selbst befreien!

Ich wünsche euch und mir
Das Allerbeste auf dem Weg
Tränen laufen, Tränen trocknen
In den Büchern es so steht!

Danke für alles und nichts zugleich!
Gefühl und Herz ist mehr als reich!
Wahrer Reichtum, innerer Frieden
Werde ihn hüten, leben und lieben!

Was ist die Wahrheit wert?

Bei all meiner Philosophie, bei all meinem Tun
Die Suche nach Wahrheit und Richtigkeit
Die Unterschiede zur –
Fiktion und zur Nichtigkeit!

Warum bin ich so verbissen und so vernarrt –
In die Wirklichkeit!?
Wie zwei Seelen, zwei Körper in mir – sie streiten
Um die einzig wahre Einigkeit!

Lüge und Wahrheit
Bleiben auf ewig in zwei Bildern
Bewahren oder vergessen
Dinge und Momente schildern

Glücklich im Verkehrten leben?!
Unglücklich doch mein wahres Ich!
Der Kampf im Innern unausweichlich
Weil er auszutragen ist!

Mit wem soll ich darüber sprechen!?
Wer versteht mich und diese Gedanken!?
Teufelskreis, im Bann der Dämonen
Bin ich real?! Oder bin ich auch gelogen!?

Alte Zeiten

Alte Zeiten
Die mich begleiten
Längst vergangen
Nicht mehr zu greifen

So jung und so frei
Unbeschwert
Alles lief
Und nix war verkehrt!

Alles vorbei
Gewesen und Geschichte
Erinnerung
Poesie und Gedichte

Alles was war
Flog im Nu vorbei
Wenn auch was bleibt
Aber nicht die Zeit

Auf der Suche nach
Etwas Großem
Sind die kleinen Dinge
Doch wieder wesentlich!

In Scherben

Verlassene Häuser
Düstere Gassen
Alles marode
Bilder verblassen

Einsam sein
Und Dunkelheit
War lange Zeit
Mein trautes Heim

Ich lag in Scherben
Auf Splittern
Auf hartem Stein
Man kann so verloren sein!

Kenne das Gesicht
Von Angst und Schmerz
Die Niederlagen
Erstickt die Freude, gequältes Herz!

Das Glück verloren
Mut begraben
Ich stand wieder auf
Um neu zu starten!

Des Sieges Wert

Nur wer verliert
Weiß den Wert des Sieges
Man lernt zu schätzen
Lernt den Inhalt des Liedes!

Die Zeit sie tickt
Die Stunde schlägt
Deine Zeit sie kommt
Zuversicht macht sich bewährt

Was auch mal war
Ein Teil vom Weg!
Jeder noch so harte Moment
Hat dich bestärkt

Erniedrigung
Belächelt sein
Hohn und Spott
Formt doch deine Persönlichkeit!

Abgestempelt
In die Schublade gesteckt
Die Zeit gereift
Bist aus der Zeit erweckt!

Wohin ich will

Ich brauche die
Die an mich glauben
Die in mich, in mein Können
Meine Vision, meine Träume vertrauen!

Die, die erkennen
Dass mit mir etwas geht!
Alles ist möglich!
In der Zeit auf diesem Weg!

Kreativität, Draht zur Geschichte und Literatur
Ich liebe die Sprache, neu Dinge, die Natur!
Mein Wille ist stark, wenn ich es erreichen will
Ich gebe nicht nach, bis ich am Ziel bin, wohin ich will!

Belletristik, Philosophie
Dichter, Denker und Autor-Berufung
Blicke das System der Gesellschaft
Einzigartig und nicht widerrufen!

Einfühlungsvermögen auf höchstem Grad
Ich will was tun, ohne Zeitgefühl am Tag!
Wo die Stunden wertvoll und sinnig sind!
Komme ich in Frage, dass ich der Richtige bin!?

Finde dich heraus

Was liebst du, was magst du!?
Was hast du, was brauchst du!?
Was suchst du und findest du nicht!?
Ist es dunkel, mach hell das Licht!

Was spürst du, was fühlst du!?
Was fehlt dir, was vermisst du?
Was ist dein Traum, schreibe ihn auf!
Er ist ein Teil von deinem Lebenslauf!

Entdecke dich, finde dich heraus!
Was du nicht weißt, probiere es aus!
Nur du kannst dich verstehen!
Nur du kannst in dich hineinsehen!

Finde Freude, finde Freunde!
Lebe jetzt! Nicht morgen, sondern heute!
Pack aus oder pack weg!
Lass es hier oder gehe mit Gepäck!

Egal was du auch tust
Es ist nur wichtig, was du suchst!
Finde dich heraus!
Lebe jetzt und lebe dich aus!

Düster

Die Ratten kriechen aus dem Loch
Verrottung stinkt bis zum Himmel hoch
Der Tod treibt sich heute durch den Tag
Die Hölle ist offen, der Teufel ist da

Dämonen schwirren frei herum
Engel gefallen, Hoffnung stumm
Leben wird gelöscht einher
Atmen fällt so bitter schwer

Der Teufel ist da
Weil der Himmel brennt
Gott ist gegangen
Weil er nun die Menschen kennt!

Verderb, Verfall und Sünden
Das Böse blüht
Des Teufels Atem
Die Hitze des Feuers sprüht!

Alle Engel sind ausgestorben
Der Mensch hat die Welt verdorben
Der Teufel nun das Spiel gewonnen
Der Himmel brennt wie 1000 Sonnen

Blog an Gott – Letzter Vers

Ich wende mich
Ein letztes Mal in Reimen an dich
Ich hoffe sehr –
Ich erreiche dich!

Heute geht's nicht nur um mich
Auch um Menschen die dich brauchen
Bitte hilf ihnen
Bitte stärke ihren Glauben

Lass nicht das Böse siegen und gewinnen!
Lass Gnade in den Wellen, in den Fluten schwimmen
Nicht alle sind verdorben
Viele aus Liebe und Glaube schon gestorben!

Höre doch bitte diese Zeilen
Ich bete, dass sie dich erreichen
Bitte rette diese Welt, das wär's
Meine letzte Botschaft im letzten Vers

Bin kein Messias, kein Prophet
Keine heilige Erscheinung!
Ich will bloß Frieden
Um der Welt Wunden Heilung!

Nix wie es ist

Spannende Tage, spannende Zeit
Zeit zum Ändern, dass wie es ist, nix so bleibt!
Kein Weg zurück, alles durchdacht
Auf den Weg, egal wie weit!

Mit aller Konsequenz
Entscheidungen müssen sein, so wie du es kennst!
Bleiben oder gehen!
Fallen oder dabei zusehen!

Keine Option
Nicht die gewünschte Wahl!
Also gehen, nicht bleiben
Entschieden so ist es gewahr!

Das Leben ist wie das Wetter
Unbeständig, Wolken ziehen
Mal ist es sonnig trocken
Mal bedeckt, herrlich warm und schön!

Es geht rauf und runter
Glaube, Hoffnung, Wunder
Liebe, Sehnsucht, Glück
Schritt nach vorn und nicht zurück!

Glückseligkeit

Jungfernfahrt
Glückseligkeit
Weit im Meer
Auf dem Ozean weit

Fernweh
Der Ruf der Freiheit
Anker, Leuchtturm
Im Rückblick ganz weit!

Die Kajüte, sie ist das Zuhaus
Das Meer –
Des Herzens Heimat
Der Ruf der Ferne eilt voraus

Sonnenhimmel
Meeresblau
Kompasslos
Frei vom Stau!

Auch bei rauem Wind
Und der Sturmflut
Segel der Freiheit
Mit Stolz und Mut, die Hand am Hut!

Vom Rest zu wenig

Wenig Schlaf, schlechter Start
Wieder mal Montag!
Die Woche fängt an, bis zum Wochenende noch lang
Denke besser nicht daran!

Jetzt sitze ich wieder hier
Mit den Gedanken ganz weit fort von hier!
Heller Tag, Sonnenschein –
Meine Zeit sie kommt, es muss so sein!

Alles momentan zu viel
Vom Rest zu wenig
Mir geht's nicht gut
Darum erwähn ich

Diese Zeit hier geht zu Ende
Mit Freude eine neue beginnt!
Gute Laune und Zuversicht
Die den ganzen Tag besingt

Die Wolken brechen
Der Nebel löst sich auf
Mein Weg vor mir
Ich mache mich auf!

Stundenreise

Die Zeit verflogen
Stundenreise
Die Zeit bleibt nicht stehen
Zieger tickt sekundenweise

Tage verstreichen
Wochen vergehen
Monate zeichnen –
Das Jahresgeschehen

Sterne stehen in der Nacht
Die Sonne erwacht am Morgen
Zeit bestimmt den Tag
Zwischen Freude und Trauer, Glück und Sorgen

Zeitverlauf
Im Jahreskalender
Jahr für Jahr
Anfang und Ende

Der eigene Weg

Der eigene Weg den man geht
Kann echt einsam sein
Nur man selbst ist da
Mit sich ganz allein

Nur man selbst weiß
Warum man ist, wie man ist
Aufgrund dessen was erlebt wurde
Du wirst so, wie du bist

Dein Weg formt dein Ich
Situationen feilen deine Persönlichkeit
Charakter, Wesenszüge
Bis heute aus der Vergangenheit

Wer bist du? Was suchst du?
Was tust und versuchst du?
Dein Weg der vor dir liegt –
Dir bestimmt – dein eigenes Ziel

Neuer Abschnitt

Neuer Abschnitt
Bin bereit
Muss neu beginnen
Es ist an der Zeit

Zu viel verbrannt
Zu viele Scherben
Ausgerannt
Wird nix mehr werden!

Boden verloren
In den Sand gesetzt
Übertourt
Es hat gefetzt!

Kein Land mehr in Sicht
Der letzte Halt, er bricht
Das Ding ist zu Ende und aus
Definitiv muss ich hier raus!

Listen und Fristen

Listen und Fristen – Abschusspisten
Eingebunkert, verstaut, in Aufbewahrungskisten

Aufbewahrt, originalverpackt
Eingetütet, eingeschweißt, dran gepackt!

Fluglaufbahn, Flughafen abgefahren
Mit Flagge am Auto, zum Stadion fahren

Pudelwohl, supercool, Yeah! 1a
Spitzenklasse! Super war das Jahr!

Rätsel entdeckt, Karten aufgedeckt
Lautstärke – lautstark, hautnah, aufgeweckt!

Badespaß, Buch das ich las, ey das wars!
Kreuzfahrtschiff, außer Griff, ab vom Pfad!

Stehe im Nirvana, fern ab vom Radar
Nix zu sehen, nicht hingehen, wo keiner war!

Raumstation, Traumaktion –
Essen hier, Essen dort, fort von der Auflade-Station

In Bewegung

Der Sonnenschein fällt zum Fenster rein
Träume tanken Kraft
Energie setzt sich frei, Wille auch dabei
Schon bis hierher, geschafft!

Der Weg war lang und der Weg –
Vor mir ist noch weit
Keine Angst, kein Problem
Ist ja mein Leben, meine Zeit!

Ich liebe mein Leben, meine Gedanken
Die mich treiben, mich bewegen
Stehen bleiben kann und will ich nicht
Passt nicht zu mir, es steht mir nicht!

Immer in Bewegung, mit den Augen –
Das Wesentliche im Blick
Einen Schritt den man geht
Den geht man nicht mehr zurück!

Die Zeit sie tickt, der Fluss er fließt
Das Leben wird gelebt
Dich greife das Glück, und ich genieß
Alles was jetzt geht!

Neunundneunzig

Neunundneunzig, 13 Jahre alt
Heute 34! Wo ist die Zeit denn, man!?
Fühlt sich an wie eingepennt
Eingeengt, man wie die Zeit doch rennt!

Jeden Tag nach der Schule
Fußball gespielt und gebolzt
Zeit an der Konsole verbracht
Geile Zeit, so viele Games gezockt!

Ich habe gelebt
Frei vom Zwang der Gesellschaft
Menschlich, unverkrampft
War ich ohne Konkurrenzkampf!

Heute versucht dir jeder, Steine –
In den Weg zu legen wo er kann
Heute pisst dir jeder ans Bein
Naiv geglaubt, kann doch nicht sein!

Das Gesicht der Gesellschaft
Hineingeschaut und erblickt
Hässlich und dreckig!
So ist es hier, was für ein Fick!

Meine Sicht

Glas halb voll
Oder Glas halb leer
Mühe und Not
Es fällt so schwer

Wie der Blick auch –
Ausgerichtet ist
Meine Sicht hier sie –
Verändert sich leider nicht!

Der Zug ist durch
Längst schon abgefahren
Will von all dem was ist
Echt nichts aufbewahren!

Hier gibt's nix zu gewinnen
Selbst wenn ich alles versuche!
Selbst wenn ich alles gebe
Gibt keine Erfolge zu verbuchen!

Die Einsicht ist da, so klar!
Wie das Flaschenglas
Der Ernst der Lage –
Vertreibt die Freude und den Spaß

In dieser Welt

Vor der Langeweile am Quälen
Die Sekunden am Tage zählen
Gedanken träumen sich weit fort
An meine Ziele zum Finden diesen Ort

Will noch etwas erreichen
Nicht zusehen beim Zeitverstreichen
Träume brauchen Zeit und Ziel
8 Stunden am Tag, sind echt zu viel!

Explorer, Sharepoint
Newsfeed
Ich sehe wie der Zeiger der Uhr –
Über das Ziffernblatt zieht!

Ich weiß ich kann –
Und bezwecke mehr an richtiger Stelle
Doch habe sie noch nicht entdeckt
Geht nicht auf die Schnelle!

Meine Datei nicht im System
Darum muss ich hier gehen
Ich muss leben, tun was mir gefällt
Fühl mich eingeschränkt in dieser Welt!

Gegen die Armut

Das hier ist gegen die Armut –
Unserer Politik und Regierung
Gegen die Überwachung –
Von Vaterstaat und die Digitalisierung!

Gegen das Dulden und gegen -
Die Förderung der Zeitarbeit
Das hier ist für einen Mindestlohn von 12 Euro
Das Vergnügen ist lange echt „Teuro"

Das hier ist gegen Mieterhöhungen
Und gegen Wucher bei Mietpreisen
Meine Fresse, verdammte Scheiße!
Hier muss man echt Geld scheißen!

Das hier ist gegen all den Shit
Und das Unvermögen der Politik
Gegen die Wirtschaft
Mensch! Sozial am Arsch, alles hier –
Souverän runtergewirtschaftet!

Gegen all den Frust und den Unmut
Der hier im Umlauf ist!
Für eine Änderung zur Verbesserung
Die hier schon lange bitternötig ist!

Alles im Plan

Sicht gut, alles im Plan
Alles in der Zeit, alles im Soll
Endlich läuft mal alles rund
So herrlich, schön – ganz toll!

Freie Sicht, scheibenklar
Scheibenwischer – wunderbar!
Freie Fahrt, ganz ohne Stau
Sonne am Himmel und er ist blau

Wolkenfrei und windstill
Alles in der Toleranz, Grenzbereich
Enten schwimmen, Fische tauchen
Schöne Lage vom Gartenteich

Campingplatz, Himmelszelt
Alle hier auf einer Welt
Schreibtischplatte, Teppichmatte
Katze beißt sich in den Schwanz, Maus und Ratte!

Platz freihalten, Regel einhalten
Vermögensberatung, Vermögen verwalten
Börsencrash, böser Sturz
Alles gewollt, falsch gedacht, feuchter Furz!

Tauziehen

Das ganze Leben
Ein echt hartes Training
Egal wo man ist
Wo man war, wo man hin ging

Immer gibt's auf die Fresse
Unstimmigkeit, Meinungsverschiedenheit
Mundtot gemacht!
Einigung? Nein! Verschwiegenheit!

Jeder will immer –
Seinen Standpunkt vertreten
Ohne Kompromisse ohne Verständnis
Oft die Menschen uns so begegnen!

Wortwahl, Wortgefecht
Streit verbal, provokant und frech!
Über den Mund gefahren
Achtung und Haltung bewahren!

Frust, Stress, Hektik, Faxen dicke!
Es reißen alle Stricke!
Arbeitswelt – Tauziehen
Keinen Bock mehr, will ausziehen!

Kopf im Sand

Telefonanlage, Monotonansage
Bestellung, Lieferung, Annahme
Gebucht, bezahlt, erledigt –
Klingelbeutel, Kollekte, Pfarrer predigt

Logistik, Lagerung, Disposition
Routenplaner, Fuhrpark, Exkursion
Arbeitsschutz, Arbeitssicherheit, Arbeitszeit
Arbeitsstunden, Feierabend – weg da und zwar weit!

Telefondienst, Notdienst – Zentrale
Messdiener, Loblied, Kathedrale
Kirche, Sekte und gelobtes Land
Eine Hand wäscht die andere, Kopf im Sand

Kakteen, beistehen, Weitsicht, Einstich
Was tun!? Wenn der Fall eintritt!?
Anruf, Aufruf, Abruf, Einwurf – Einwand
Zuruf, Verruf – Breitband!

Stadtwald, Stadtrand – altbekannt
Eiskalt, knallhart, angerannt
Trio, Prio, Mexiko, irgendwo
Hier, dort oder anderswo

F wie Frei

F wie Frei, B wie Bereit
123 – los geht's, bin dabei!

0-Nummer, 1 Punkt
Spiel verloren, kein Punkt!

Lachanfall, Dachabfall
XYZ – S kracht das Bett

Wo ist Renate?
Bei der B-A-T

A wie Alarm
Gegessen, es rumort im Darm

Remis – Unterschieden!
S Siege, N Niederlage, U Unentschieden

Preisausschreiben, Schweißtreiben
Sauber bleiben – beim Pferde reiten

Kontostand, null Komma nix
Schnell in die Hand, geht ab, aber fix

Rennpferd, Rennstall
Raumfahrt, Weltall

Kapitel 4 – Blickfeld

151.Blickfeld
152.Auf Dauer
153.Noch tiefer graben
154.7 Minuten
155.Riesenschau
156.Noch einmal
157.Mittlerer Durchschnitt
158.Feierabendbier
159.Wo die Blumen blühen
160.Leise Schritte
161.Ende der Geschichte
162.Dein Dasein
163.Folge den Sternen
164.Papas Weg
165.Bühnenweg
166.Tintenfleck
167.Marburg
168.Festzuhalten
169.4-4-3
170.Geld verdienen
171.Gute Geschichten
172.Gang und Gebe
173.Umsichtig
174.Passend zu dir
175.Harte Zeiten
176.Siegerstunden
177.Cha Ya Du

178. In meiner Stille
179. Dass ich weine
180. Zittern
181. Jeden neues
182. Schluss
183. Lied der Wespe
184. Optimisten
185. Trost und Arschtritt
186. Dieser Kreis
187. Die Fliegen
188. Fallschirm
189. Es liegt in der Luft (Ende)

Bonusmaterial:

Zug der Träume
Das wahre Lobland
Ehre
Finale
Müde
Ins Schreiben
Alles so fern
Futter für die Bagage
Maschinen-Schraubstocktanz
Arbeitssicherheit
Parallelität
Zeitarbeit
Stand der Dinge
Knallharte Action
Auf Dich
Wenn nichts mehr bleibt

Blickfeld

Gerade jetzt im Moment
Sind die Geister und Dämonen wieder frei
Sie haben Freigang
Doch ich bleibe in ihrem Schatten, bleibe dabei!

Halte sie im Blickfeld
Habe Sichtkontakt
Was auch immer sie im Schilde führen
Ich haue rein und breche ab!

Auch Angst und Zweifel
Sind wieder um mich herum!
Ein böser Blick von mir!
Kein Wort zu hören, sie bleiben stumm!

Verzweiflung und Sorgen
Radieren am neuen Morgen
Doch habe Farbe mit bei mir
Welche ich sofort damit beschmier!

Die Dämonen halte ich in Schach
Die Geister sind ganz still ohne Krach!
Ich habe sie ganz fest im Blick!
So lässt es sich leben, gewähre ihnen keinen –
Unbewachten Schritt!

Auf Dauer

Im Kopf die Müdigkeit
Schlaflosigkeit
Aktuell zurzeit
Hält noch etwas derweil

Halbe Träume, halber Schlaf
Mehr davon an Bedarf
Alles gut, alles geht vorbei
Zeit vergeht, huscht vorbei!

Frische Lese, gerade gereift
Matt der Tag, vom Glanz befreit
Nichts hält auf Dauer, nix ewig an
Die richtige Zeit, sie kommt irgendwann

Vorstellung und Tatbestand
Arbeiten Hand in Hand
Hut am Kopf, Griff ans Glücke
Hab auch mal, den Mut zur Lücke!

Von nix kommt nix
Wenn nix ist und es so bleibt
Verändert sich alles nicht
In der ganzen Zeit!

Noch tiefer graben

Jeden Tag
Gleicher Ablauf
Halte es nicht mehr aus, will raus
Ich gehe hier echt ein!

Primitiv ist der ganze Scheiß
Wenn ich länger noch bleibe
Für noch weitere Zeit
Werde ich hart wie Stein!

Keine Neuigkeit
Alles was ist, bleibt
Gelangweilt und so lustlos
Verstreicht hier schwer die Zeit!

Alles so banal
Geschichten so inhaltsleer total!
Sterile Momente und oberflächenbeschichtet
Sinnbefreit und behandelt, anal!

Dumme Scheiße labern
Von morgens bis abends
8 Stunden warten auf den Feierabend
Für all den Mist, das Loch noch tiefergraben!

7 Minuten

7 Minuten, dann ist Feierabend
Solange noch, kurz ertragen!
Dann geht's nix wie raus
Denn ich halt es nicht mehr aus!

Die Zeit vergeht so oder so
Der Zeiger tickt, oho – ja so!
5 Minuten! 2 vorbei
300 Sekunden, Ende der Zeit!

So macht die Arbeit keinen Spaß!
Wenn man so schon auf die Uhr schaut!
Was soll ich tun, was will ich machen!?
Komme nicht aus meiner Haut!

Noch 4 Minuten, wieder ist eine um
Leise tickt der Zeiger ohne Ton!
3 Minuten noch – wie schön –
Die Zeit ist bald um!

So geht's mir den ganzen Tag
Ständig schau ich auf den Zähler
Das ist nicht schön und keine Arbeit
Der letzte Heuler, totaler Quäler

Riesenschau

Jeder hält sich hier für wichtig
Weil jeder was zu sagen hat!
Dabei sind sie alle gleich
Weil niemand von ihnen Ahnung hat!

Halten sich für clever
Gar für superschlau
Vorne herum so nett
Alles eine Riesenschau!

So typisch aller hier
An diesem Arbeitsplatz
Bevor du diesen hast –
Ist es besser, wenn du keinen hast!

Gespielte Scheiße
Rotz und Heuchelei
Schau genauer hin
Fall nicht drauf herein!

Noch einmal

Noch einmal
Das Gute, das Erlebte, erleben
Noch einmal
Für diese Momente alles geben

Noch einmal
Die Zeit zurückdrehen können
Um noch einmal
Alles fühlen und sehen zu können

Noch einmal
Noch einmal
Wie oft wünschen wir uns –
Nur noch einmal!

Noch einmal
Noch ein letztes Mal
Doch die Realität hält fest
Es gibt keine Zeit zurück!

Die Realität steht fest
Es gibt keine Zeit zurück
Erinnerung tief in uns
Die Zukunft im Blick

Mittlerer Durchschnitt

Ihr mögt meine Bücher!?
Lest die Reime und Gedichte
Doch hinter der Kulisse
Harte Arbeit, meine Lebensgeschichte

Mein Körper angespannt
Das Innere aufgewühlt
Vertrauter Zustand
So lange schon gefühlt

Hart die Arbeit
Lang der Weg
Schein von außen
Dann kann man es nicht sehen

Hauptschule, mittlere Reife
Ausbildung. Industrie CNC
Zeitarbeit, Bildungszentren
AdA-Schein

Für mich war nicht
Das Richtige dabei!
Immer noch auf der Suche –
Ich bleibe dabei!

Feierabendbier

Rotz und Scheißdreck
Der Depp vom Dienst
Nicht meine Arbeit, kannst du knicken

Mach deinen Scheiß doch selbst
Mach ihn alleine
Raube mir nicht meine Zeit
Hau ab und ziehe Leine!

Dauert nicht mehr lange
Dann bin ich fort von hier
Freu mich auf den letzten Tag
Den feiere ich, mit dem Feierabendbier!

So Scheiße es jetzt klingt
Vieles ist besser als hier
Arbeitsplatz – Traumplatz
Ich suche und suche, ihn gibt es hier!

Voller Freude meine Werke tun
Berufung finden fürs Leben
Glücklich und zufrieden sein
Wünsche mir dies wird es geben

Wo die Blumen blühen

Die Zeichen stehen auf Abschied
Signal auf grün
Wieder durchatmen
Im frischen Wind, wo die Blumen blühen

Sommerwärme
Die bis in den Spätherbst reicht
Wie ein Blatt im Wind
Das durch Feld und Wiesen reist

Hoffnung und Glück
Und die Zuversicht mit im Gepäck
Gehe los, um nix zu versäumen
Sehe meinen Weg und ich bin weg!

Ich habe keinen Nerv mehr
Auf diese Art und Weise
Was mich runterzieht –
Werde ich in der Luft zerreißen

Mein Kopf braucht Freiheit
Die Seele Wohlbefinden
Mein Herz will Freude fühlen
Mein Leben Sinn empfinden!

Leise Schritte

Von Traurigkeit gestricktes Kleid
Trauer vernäht in jeder Faser
Einsamkeit sie spaziert
Rose ganz allein in einer Vase

Gedankengänge zugestellt
Paketmomente, sie stapeln sich
Mit Besteck eingedeckt
Doch nur Leere verteilt am Tisch!

Die Zeit ummantelt
Warm und flauschig eingepackt
Verlust von Zeitgefühl
Im Moment des Raums versackt

Leise Schritte
Doch 1000 Fußabdrücke
Erstickend-vollgefüllt
Selbst der Schatten ohne Lücke

Schillernde Leere
Stille bis zur letzten Ecke
Schattenlose Wände
Gedanken verteilen sich unter der Decke

Ende der Geschichte

War es gut –
Meine Gedanken und Gefühle
In Texte und Reime zu schreiben?
Herz und Seele waren vollgepackt
Jetzt steht es so in vielen Zeilen!

Ich war vernarrt
Es war eine Sucht
Habe so vieles verloren, Neues gesucht
Gefühle und Gedanken –
Sind nun verankert, ganz fest in jedem Buch

Dies ist –
Das letzte Buch der Lyrik
Das letzte Buch mit Gedichten
Vieles geschehen, viel ist passiert
Dies hier ist –
Das Ende der Geschichte!

Dein Dasein

Deine ersten Töne, dein erstes Lächeln
Deine Neugier auf das Leben
Dein kleines Händchen, deine kleinen Füßchen –
Bis sie die ersten Schritte gehen

Dein Erzählen
Wie du dich dabei freust
Dein Lächeln im Schlaf
Wenn du deine Träume träumst

Dein aufmerksamer Blick
Wie du in meine Augen schaust
Als ob du dir in Gedanken –
Schon deine Träume baust

Dein Lächeln, wenn ich singe
So schön dich zum Lachen zu bringen!
Deine Augen funkeln, wenn man mit dir spricht
Durch dein Dasein – Schaffst du es, dass am Tage jede
meiner Wolken bricht

Du bringst mir Freude und Glück
In mein Herz zurück
Ich bleibe an deiner Seite bis du sprichst
Bis du läufst, bis du deine Wege gehst

Folge den Sternen

Blühe wie die Rose, scheine wie die Sonne
Sei die Farbenfreude, wenn das Leben grau verfärbt
Höre auf dein Herz, folge den Sternen
Erscheint der Weg, auch manches Mal so unerreichbar
weit!

Beschütze deine Gefühle
Sei behutsam mit dir selbst
Niemand wird dich besser kennen – mein Kind
So wie du dich selbst

Pass immer auf dich auf
Pass immer gut auf dich auf
In Sonnenzeiten, sowie im Regen
Wie auch im harten Sturmverlauf

Niemals gerät meine Liebe zur dir ins Schwanken
Mein ein und alles! Mein Fleisch, mein Blut, mein Kind
Selbst in der stärksten Flut und auch im rauen Wind
Niemals höre ich auf dich zu lieben, für immer liebe ich
dich mein Kind!

Würde dir gern so vieles sagen, dir erzählen –
Dich vor so vielem bewahren, doch dein Leben
Es lebst du, demnach werde ich dich stützen und dir
sagen; Pass immer gut auf dich auf mein Kind

Papas Weg

So vieles war
Mir damals nicht ersichtlich klar!
Doch die Zeit vergeht
Ein Schritt weiter und man ist
Nicht mehr wo man steht

Heute sehe ich
Die ganzen Dinge anders
Auch dich und mich
Zeit zieht ins Land, sie vergeht
Damals jung und dumm!
Doch heute, ja ich versteh'

Papas Weg
War nicht leicht
Jetzt bin ich selbst Papa
Und ich begreif –
Worum es im Leben wirklich geht
Wohlbesorgt
Dass doch alles, seine Richtung geht!

Bühnenweg

Bühnenweg, nie gedacht –
Dass ich ihn betret
Schöne Zeit erlebt
Momente, Augenblicke, bin bewegt

Mit zittriger Hand und Stimme
Erster Auftritt, noch ganz tief drinne
Jetzt sind 5 Jahre vergangen
Bücher verfasst, meine Berufung angefangen

Marburg, Stadt meiner Ära
Start meines Weges, nichts war schwerer!
Publikum, Menschen erreicht
Ziel verfolgt, es war nie leicht!

Aufgeben! Zweifel kamen ja
Dachte darüber nach, manchmal
Doch das wäre nicht gerecht
Erst probieren, das ist wirklich und echt!

Menschen erreicht, Menschen bewegt
Auftritte gehabt, aufgeregt
Alles ich, alles echt, authentisch
So solls bleiben, hautnah-lebendig

Tintenfleck

Schon so viele Zeilen verfasst
Tinte aufgebraucht
Wie das Blut in meinen Adern
Unter meiner Haut

Gedanken entstehen
Gedanken machen, verfassen
Sie sind da und es –
Fällt schwer, sie loszulassen

Wenn es erstmal fließt
Findet sich Wort für Wort
Müssen sich Wörter verbinden
So setzen sich die Gedanken fort

Wahre Leidenschaft
Die in meiner Schreiberei steckt
Aus jedem Tintenfleck
Entsteht ein Wort, neu entdeckt!

So vieles schon beschrieben
Alles aus meiner Lebzeit
Gedichte enden niemals
Endlos, wie die Ewigkeit

Marburg

Marburg, Südviertel – Friedrichsplatz
Schöne Ecke zu Schrieben, Zeit sie passt!
Hier in Marburg an der Lahn
Verfasse ich die Bücher, diese Stadt war meine Wahl!

Marburgs Straßen, Marburgs Wege
Aufgetreten auf der ersten Bühne!
Lahnwiesen, so lange schon vertraut
Ins Herz geschlossen, Seele und Haut

Marburg was ich in dir sehe
Können vielleicht auch andere sehen
Deine schönen Plätze, Schreibecken
All deine schönen „Fleckchen"

Lahnberge im Morgentau
Weihnachtsmarkt, Wintermärchen
Du mittelalterliche Stadt
So herrlich schön, Tannenberg und Schrebergärten

Festzuhalten

So oft sitze ich alleine
In Gedanken vertieft, am Reimen
Über Momente
Die großen und auch die kleinen

Ereignisse und Augenblicke
Momentaufnahmen
In Texten festgehalten
Mit eigenem Titel, eigenem Namen

Erinnerungen
In Herz und Seele
Alles verfasst zum –
Nachlesen meiner Wege

Bücher die ich schreibe
Ein ganzes Leben
Wird von mir hinterlassen
Teil von meinem Erbe!

Weil Momente
Und Augenblicke so schnell verhallen
Verfasse ich Texte
Um die Zeit nochmal festzuhalten!

4-4-3

Vorsicht Stufe!
Achtung Glas!
Alle meckern
Keiner war's!

Bushaltestelle
Busbahnhof
Nicht ganz bescheuert
Nur bisschen doof!

Scheibenklar
Mit Schmutz verdreckt
Ohne Grund
Kein Verwendungszweck

Brückenpfeiler
Raketenstart
Voll ins Schwarze
Bulls-Eye-Dart

4-4-3
3-5-2
Abwehrkette
Faules Ei

Geld verdienen

Unzufrieden die Zeit absitzen
5 Tage, 40 Stunden die Woche
Tu mir weder einen Gefallen
Noch habe ich dabei etwas gewonnen!

Ich muss etwas tun
Was für mich Sinn ergibt
Mit dem was ich liebe –
Aus Herzblut, aus Leidenschaft, Geld verdien'

Brauche keine –
Abfertigungs-Formulare
Noch Anträge oder –
Gespielte freundliche Telefonate!

Weder Korrespondenz
Noch sonst allerlei Kontakt
Einfach schreiben, Menschen berühren
Präzise und kompakt!

Gute Geschichten

Mich kotzt so vieles an
Ich kann nicht mehr
Müdigkeit überfällt mich
Kopf so voll, doch Herz so leer!

Könnte schlafen
Einfach nur schlafen, die ganze Zeit
Ohne Kraft – es fehlt an Antrieb
Ich fühle diese Lebensmüdigkeit

Bessere Tage liegen weit zurück
Der Weg wird größer mit jedem Schritt
Kopf der schmerzt, Seele klemmt
Augen so müde, Herz es brennt

Schlaflosigkeit, Müdigkeit
Keine guten Aussichten!
Wo sind schöne Neuigkeiten?
Die guten Geschichten!?

Momentan fühlt sich alles –
So merkwürdig und unwirklich an
Doch es ist real
Muss überlegen was ich tun kann!

Gang und Gebe

Damals selten
Heute Gang und Gebe
So ändern sich die Zeiten
Neue Richtung, neue Wege

Damals um jeden Preis
Heute scheißegal
Jeder kommt durch
Jeder auf seine Art!

Schwimmen in der Masse
Oder am Beckenrand
Wer fischt schon gern im Trüben?
Blicke über den Tellerrand!

Alles nur halb so schlimm
Alles wird nur gekocht mit
Salz und Wasser –
Alles kein großes Werk!

Heute hält halt nicht mehr –
So viel wie im Krieg zur früheren Zeit!
Was hat sich verändert?
Mit uns, der ganzen Menschheit!?

Umsichtig

Der letzte aller Texte
Letztes Gedicht, letzter Reim
15 Jahre – letztes Lyrikbuch
Viel Staub, nun jetzt im Reinen

Dreck, Scherben
Missverstand
Das letzte Feuer
Nicht mehr am Lodern, ausgebrannt!

Splitter bohrten sich –
In Herz und Seele
Vor Schmerz gekrümmt
Stockender Atem, trockene Kehle!

Auf einem Weg, ganz neu
Richtung Sonnenschein
Der Regen trocknet
All die grauen Wolken ziehen vorbei

Jetzt heißt es für mich
Den Rest des Lebens leben
Bei Tücken und Fallen
Umsichtig daneben treten!

Passend zu dir

Vertrautes Land
Vertraute Stadt
Was auch immer hasse
Dich bin ich nicht satt!

Jede Straße
Einfach jeder Fleck
Der Riss im Asphalt oder am Straßenrand der Dreck
Nein! Ich gehe hier nicht mehr weg!

Selbst deine alten Gebäude
Marode und mit Graffiti beschmiert
Passen ins Stadtbild –
Passen so passend zu dir!

Jeder kleine
Gebröckelte Stein
Manche Schönheit nur Fassade
Doch Marburg, du bist mein!

Für dich habe ich mich entschieden
Erlebte meine Niederlagen und Siege
Doch bin froh und dankbar, dass ich herkam!
Marburg an der Lahn!

Harte Zeiten

Kritik von allen Seiten
Wind der harten Zeiten
Ich im Gefecht –
In der Mitte des Orkans

Versuche ich zu rennen!?
Bleibe ich stehen!?
Falle ich zu Boden!?
Wird er über mich hinwegziehen!?

Was auch kommt
Wie es auch wird
Jeder noch so wilde Sturm
Hat sich wieder gelegt

Rauer Wind
Raue Wellen, offenes Meer
Mitten in der Sturmflut
In der Weite treibe ich umher!

Siegerstunden

Meistens schreibe ich
Wenn es mir schlecht geht
Wenn die Sinne betrübt sind
Und ich will wieder Land sehen!

Dann schiebe ich die Wolken
Bis die Sonne wieder blickt!
Bis sie mir ein Lächeln schenkt
Dass ich im Alltag nicht erstick!

Weit sind die Wege
Hart sind all die Steine
So wund schon meine Füße
So müde Arme und Beine!

Mein Mut und meine Kraft
Habe viel geschunden
Viel erreicht?! Verdient!?
Siegerstunden!

Cha Ya Du

Wenn die Zeit hier schon –
Bestimmt und vorgegeben ist
Dann mache ich das Beste draus
Schreibe das nächste Buchgedicht!

Die Arbeit ist eh nicht meins!
Finde weder zu ihr, noch rein!
Besser jedoch bin ich –
Beim Verfassen von diesem Reim!

Hier lebe ich, hier blühe ich auf
Hier werden Träume wahr
Weil ich sie selbst erfülle
Alles wird, wo vorher nichts war!

Im Rausch, im Flow, im Takt
Im Kopf ein Beat dazu
In meinem Kopf, in meiner Welt
Klingt es „Ya,ya yeah – cha ya du"!

In meiner Stille

Der frische Morgen
Die Nacht hat ausgeschlafen
Vögel zwitschern erfreut
Es wird ein schöner Tag

Die Sonne scheint und –
Doch im Schatten tanzen die Erinnerungen
Der Moment im Sonnenlicht erhellt
Die Zeit bringt ihre Veränderungen

Der ganze Lärm um mich
Geht unter in meiner Stille und ich –
Sitze da bewegungslos, kein Reden
Anteilnahmslos ist dieser Teil vom Leben

Ich stehe im Moment
Doch alles zieht vorbei
Bin einsam wie der Wind
Und er rauchst so stark und frei!

Ruf der Ferne, Ruf der Freiheit
Er erreicht mich
Sieht er nicht, die Ketten und Fessel
Ich möchte ihm folgen, doch ich kann es nicht!

Dass ich weine

Mein Kopf er denkt nach
Am Morgen, am Abend
Am Tag, in der Nacht –
Denn ich bin wach ohne Schlaf

Kennst du das!?
Du bist kurz vor dem Erreichen
Kurz vor deinem Ziel
Fast angekommen, dann passiert zu viel!
Kennst du es!?
Weißt du was ich meine!?
Du hast Kraft, du platzt –
Nicht alles, dass ich weine!

Alles vorm gewünschten Ende
Volle Kraft gegeben
Auf den letzten Metern
Straucheln, wanken, es geht daneben!
Kleine Fehler, eine Panne
Chance nicht vergeben!
Das Ziel nach endlosen Jahren –
Sieg nicht aus den Händen geben!

Leider glaube nur ich an mich!
Ganz allein auf weiter Sicht!

Zittern

Ein Zittern an Haut –
Und am ganzen Leib
Ich hoffe, bete, bitte drum‘
Dass es nicht bleibt!

Viele Jahre vergangen
Viel geschluckt von der Zeit!
Doch in den Knochen
In den Ecken der Seele, es bleibt!

Wunden reißt es auf
Narben sind der Riss in zwei!
Ein Teil erneuert –
Der andere geschädigt dabei

In Richtung Zukunftsglück
Doch liegt auch ein Weg zurück!
Teil von mir, von dem was war
Für ewig bleibt der das Stück!

Jeden neues

Das Beschreiben
Jeden neues Blattes
Jeden neues Buches
Jeden neuen Blockes

Sortiert mich
Und auch somit meine Welt
Geordnet, erkenne ich – was behalte ich
Wovon trenne ich mich!?

Ich muss es auf Papier
Sichtbar vor mir haben
Hilft mir ungemein
Gut es ausprobiert zu haben!

Wird der Block
Wird der Ordner
Wird das Buch zu voll
Zeit zum Tauschen, Vergleich zwischen ist und soll!

Ein Hilfsmittel fürs Leben!
Als Tipp, an euch mitzugeben!

Schluss

Standpunkt
Was steht das bleibt
Übergabe
Ort und Zeit

Angekommen
Raum und Stelle
Licht aus
Licht an, Licht erhelle

Bimmelbahn
Zug und Straßenverkehr
Zeitplan
Alle Angaben ohne Gewähr

Sonderzeichen
Mannschaft und Besatzung
Drehe das Wort
Bitte schreibe den Satz um!

Jetzt kommt
Was kommen muss
An diesem Punkt
Ist endgültig Schluss

Lied der Wespe

Einen Schokoriegel
Habe ich gegessen in der Stadt
Dabei habe ich
Mir doch gar nichts gedacht

Plötzlich kam eine Wespe
Ich war ganz nett zu ihr
Sie hat nix abbekommen
Aber duften durfte sie mal hier!

Gegessen habe ich
Den Riegel doch alleine
Sie hatte keine Chance
Denn zu kurz waren ihre Beine

Denn das Wandern
Von einem bis zum anderen Ende
Dauerte zu lange
Da war der Schokoriegel weg!

Doch ich war wirklich nett
Sie durfte mal dran schnuppern
Ich habe den Riegel aufgegessen
Sie durfte sich wieder verduften!

Optimisten

Ich war ein Pessimist
Dann verwendete ich
Die Kehrseite und ich –
Wurde doch zum Optimist!

Wer hätte es gedacht
Ich sicher nicht!
Diese Seite wieder verlassen!?
Glaubst du doch selber nicht!

Optimismus
Ist alles was mir blieb
Bei all der Scheiße
Die im Leben lief

Die Fahnen wehen
Die am Gipfel, hoch oben stehen!
Auch im Gegenwind
Weil die Luft vom Flug mir Antrieb bringt!

Heut sind ja jene, welche
Die an mir zweifeln, mir nix gönnen
Ein Glück, dass sie mir –
Am Arsch vorbei gehen können!

Trost und Arschtritt

Wer wird weinen
Für wen sind diese Zeilen Gold?
Euch erreichen
Mehr habe ich nie gewollt!

Als mein Reichtum –
Ist das, was ich im Herzen trage!
Was ich hier teile
In guten und in schlechten Tagen

Diese Texte sind
Trost und Arschtritt
In aller erster Linie
Direkt an mich!

All mein Glaube
Dass ich was erreichen kann
Mit den Reimen was bewegen
Vom Jungen zum Mann!

Gegen Wände und Mauern
Ich einst lief!
Heute trage ich ein Lachen
Auch wenn damals manche Träne lief!

Dieser Kreis

Dein Leben getaktet
Verplant in der Zeit
Termine und Verpflichtung
Wann zerbricht endlich dieser Kreis!?

Werden getrieben
Von Anderer Befehl!
Wer meldet den Verstoß!?
Wenn ich nicht weiter geh!?

Ist die Treue
Herzensecht oder teuer bezahlt!?
Ich glaube jede Rechnung
Kommt gewiss am gezählten Tag!

Wir sind Gehetzte
Von Hektik und von Stress
Wünschst du nicht auch
Dass der Zeitdruck uns verlässt!?

Die Fliegen

Wo drückt der Schuh!?
Brennts unterm Helm?
Suchst du eine Lösung
Diese möglichst schnell!?

Pack deine Sachen
Den Rest lass liegen
Um das Häufchen Scheiße
Kümmern sich die Fliegen

Wenn das Brot auch krümelt
Lass sie fallen
Die Ratten und die Vögel
Werden sie sich krallen!

Schlüssel in die Zündung
Motor an und Fuß aufs Gas
Hast du dich vergessen!?
Dein Leben und den Spaß!?

Fahre entgegen dem Horizont
Feierabend! In die Ferne
Genieße die Himmelsnacht
Unter den vertrauten Sternen

Fallschirm

Minusstunden, Urlaub aufgebraucht
Scheißegal – du musst hier raus!
Weil zu viel einfach zu viel ist
Und dir der verdammte Schädel raucht!

Pack zusammen, breche die Brücken
Lauf zum Ufer in Richtung Ferne
Diese Entscheidung sie ist richtig!
Tu was du willst, nur allzu gerne!

Die Sonne begleitet dich –
Wo der Regen im Schatten bleibt
Nur wer nicht wagt
Bleibt frustriert, für all den Rest der Zeit!

Alles kann gelingen
Nur musst du auch beginnen
Die ersten Schritte des Weges
Sind die schwersten, einfach jeden Weges!

Gut gepolstert, Sturzhelm auf
Fallschirm dabei, jetzt Anlauf
Hebe ab und fühle dich frei
Dies fühlst nur du, du ganz allein!

Es liegt in der Luft

Es liegt in der Luft
Kann es fühlen, kann es spüren
Nicht erklären, nicht zeigen
Doch es kann mich berühren

Die Chancen stehen gut
Hoch und gut, besser denn je
Jetzt stehen zu bleiben
Der größte Fehler, ich geh'

Gehe weiter, ich ziehe durch
Lade durch, nach ganz vorn ohne Furcht
Angst und Zweifel, Sorgenrakete
Ab in die Blackbox, ab mit der Rakete!

Es liegt in der Luft
Ich fühle und spüre es in der Luft
Die große Explosion meiner selbst
Wenn ich fliege, ist es die Angst die dann fällt!

Es liegt in der Luft
Definitiv liegt es in der Luft
Wenn ich explodiere, ich selbst
Werde ich fliegen und die Angst sie fällt

BONUSMATERIAL

205

ZUG DER TRÄUME

SEIT STUNDEN FAHRE ICH –
NUN SCHON IN DIESEM ZUG
SELTSAM UND DOCH SCHÖN
ER SCHEINT ZIELLOS, ZEIT AUCH GENUG

SELBST ICH HABE VERGESSEN
MEIN EIGENTLICHES ZIEL
WAR MIR DOCH SO BEWUSST – SELTSAM
DASS ES MIR ENTFIEL

ICH STEHE AUF, ETWAS VERWIRRT
LAUFE DURCH JEDES ABTEIL
ÜBERALL FRÖHLICHE MENSCHEN
UNHEIMLICH! ZAUBEREI!

ICH FRAGE DEN SCHAFFNER
ENTSCHULDIGEN SIE BITTE
IST DIE FAHRT DENN NOCH WEIT?
ER LÄCHELTE MICH AN UNS SPRACH

MEIN FREUND – WILLKOMMEN AN BORD
DIESE FAHRT IST ENDLOS WEIT
SIE SIND IM ZUG DER TRÄUME
UND IHR TRAUM IST DIE FREIHEIT!

DAS WAHRE LOBLAND

DAS WAHRE LOBLAND WELCHES WIR FINDEN
ES IST IN UNS SELBST VORHANDEN
ERBAUT VON UNSEREN TRÄUMEN, ZIELEN
ALL DEN GUTEN GEDANKEN

ES IST DER PLATZ AN DEM WIR –
FREI SIND UND FREI LEBEN
WO WIR UNS ENTDECKEN, FREI ENTFALTEN
UND DER HOFFNUNG ENTGEGEN TRETEN

DORT IST UNSER GLAUBE, DER WILLE
DER URSPRUNG, DIE WURZEL UNSERES SEINS
UNERSCHÜTTERLICH, UNVERÄNDERLICH
DORT FLIEßEN DIE GEDANKEN DURCH HARTEN
STEIN

HIER ENTSTEHT UND VERGEHT
HIER BLÜHT, WÄCHST UND GEDEIHT
HIER IST FÜR IMMER JETZT DER MOMENT
ZEITLOS – IN EINER GROßEN EWIGKEIT

EHRE

DIE BRAUCHEN LOB
DIE BRAUCHEN ANERKENNUNG
ICH BRAUCHE LEDIGLICH ZEIT
FÜR DIE UMSETZUNG MEINER ZIELBENENNUNG

DIE SCHLEIMEN RUM
JEDER WILL DER BESTE SEIN
ICH BRAUCHE BLOß EIN ZIMMER
FÜR MICH, WILL IN RUHE GELASSEN SEIN!

DIE MÜSSEN ZEIGEN WAS SIE DOCH SO KÖNNEN
ICH WILL MEIN KÖNNEN ZEIGEN
UND OHNE – KLATSCH, KLATSCH – OHNE APPLAUS
SONDERN WEIL ICH LEBE FÜR DAS SCHREIBEN!

KEINE AUSZEICHNUNG
KEINE GROßEN WUNDERWERKE
EINFACH SCHREIBEN WEIL ICH WORTE LIEBE
UND DIE SPRACHE EHRE!

MEINE WORTE, ZEILEN, GEDICHTE
MEINE LIEBE IM DETAIL, KOMPLETTE GESCHICHTE
REIME GERNE, SCHREIBE ZITATE
WENN ICH MAL NICHT MEHR BIN –
ES BLEIBT DIESE LYRIK-WARTE!

FINALE

DIE SAGA ENDET
DER LETZTE TEXT ER STEHT
ANGEKOMMEN
WO ALLES UND DOCH NICHTS MEHR GEHT

PHÖNIX STIEG AUF
AUS DEM ASCHENLAND
WIEDER AM FLIEGEN
NEU BESTÄRKT UND MIT MUT BETANKT

FLÜGEL GEWACHSEN
AUS TRAUM UND ZIEL
AUF ZUM NEUEN ORT
DENN WER NICHT PROBIERT, VERPASST JA VIEL

ENTGEGEN DER ZEIT
LANGE WAR DIESE REIHE MEIN GELEIT
AUS LIEBE ZUR SPRACHE
FREI – SO WIE DER PHÖNIX AUS DER ASCHE

EIN NEUER MORGEN
EIN NEUER TAG
ÜBER 1000 TEXTE
DIE ICH DURCH MEIN LEBEN TRAG'

MÜDE

ICH BIN SO MÜDE
VOM GANZEN GESCHEHEN
VON ALL DEN BILDERN
DIE UM DIESE WELT HIER GEHEN

KRIEG UND HASS
TERRRO UND LEID
HUNGERSNOT UND ARMUT
SEUCHE DER MODERNEN ZEIT

WO SIND DIE HELDEN?
DIE FÜR DIE GERECHTIGKEIT EINSTEHEN
WO SIND SIE HIN?
WER HAT SIE DENN GESEHEN?

SIND SIE VERTRIEBEN?
SIND SIE GEFALLEN?
ODER SIND SIE AUCH –
DER GIER UND DER MACHT VERFALLEN?

KEIN STAAT, KEINE REGIERUNG
ACHTET MEHR AUFS WOHLERGEHEN
NUR NOCH ZAHLEN, ERFOLG UND GEWINN
REICH UND GLITZERND WERDEN WIR ALLE
UNTERGEHEN!

INS SCHREIBEN

ICH FLÜCHTE MICH INS SCHREIBEN
UND IN MEINE TRÄUME
WEIL MIR DIE REALITÄT ZU VIEL IST
SIE BETÄUBT MICH!

IN DEN TEXTEN
IN DEN TRÄUMEN
LEBE ICH WIRKLICH
TRAURIG DENN –
DAS WAHRE LEBEN, ES IST TÖDLICH!

FUNKTIONIEREN, TAGTÄGLICH
SYSTEMORIENTIERT –
ES STÖRTMICH SO GEHÖRIG!
MACHT MICH KAPUTT!
ES IST MEIN LEBEN UND ICH WEHRE MICH!

ICH BIN WEDER MARIONETTE
NOCH DAS GLIED IN EINER DUMMEN KETTE!
IM KÄFIG HALTEN LASS ICH MICH NICHT
WENN ICH ETWAS RISKIERE –
DANN ALLES ODER NICHTS!

ALLES SO FERN

NEUE WEGE
NEUES LAND BETRETEN
UNGEWISSHEIT
DEM ABENTEUER BEGEGNEN

ALLES SO FERN
NUR ICH SELBST MIR GANZ NAH
ALLES ÄNDERT SICH UND DOCH –
BLEIBT VIELES WIE ES WAR

MIT UNGESTILLTER SEHNSUCHT
MIT UNERFÜLLTEM LEEREN BLICK
GEHT'S AUF, NEUEM ENTGEGEN –
KEINE LUST AUF DEN WEG ZURÜCK!

DIE ENTSCHEIDUNG IST GEFALLEN
ÜBERLEGUNG HIN UND HER
BRINGT WEDER EIN ERGEBNIS
UND MAN TUT SICH SCHWER!

AUS ANGST IN DER LAGE –
ZU VERHARREN UND ZU BLEIBEN
DAS IST KEINE LÖSUNG, ES IST
STERBEN AUF LANGE ZEITEN!

FUTTER DIE BAGAGE

FUTTER FÜR DIE BAGAGE
FRESSEN FÜR DIE FETTEN VISAGEN
KANN SIE NICHT MEHR SEHEN
ICH MUSS GEHEN UND ZWAR SCHNELL!

SCHEISS AUF SO MIESE GESTALTEN
HIER WIRD ALLES AUF DEN PUNKT GEBRACHT
WICHTIG IST ES AUSZUSPRECHEN
HÄTTE WOHL SO NIEMAND GEDACHT!?

PROGRAMME, KURSE, INTERVALLE
DUMM UND INHALTSLOS – DAS GESCHWALLE!
VÖLLIG FALSCH UND AM ARSCH
HEY HÖRT HER, IHR HABT SIE NICHT MEHR ALLE!

FACHGESIMPELT
ES VERHALLT
PUNKTEVERTEILUNG
YO! IN EUREM SCHÄDEL HAT'S GENKNALLT!

IRRENHAUS-ZENTRALE
WENN IHR MICH FRAGT – ERSTE SAHNE!
KEINE EINARBEITUNG ABER –
GROSSE AUFGABENVERTEILUNG!

MASCHINEN-SCHRAUBSTOCKTANZ

ER WAR EIN MEISTER IN SEINEM FACH
MEISTER DER INDUSTRIE
FACHBEREICH STAHL UND UMFORMTECHNIK
IN DER VERPEILUNG EIN GENIE

EINES TAGES SOLLTE ICH LEISTEN FRÄSEN
PASSGENAUIGKEIT VON HOHER RELEVANZ
ER SAGTE BLOß; „SO UNGEFÄHRES MAß"!
SO BEGANN DER MASCHINEN-SCHRAUBSTOCK-
TANZ

DIE LEISTE WAR 35mm DICK
GEFRÄST AUF 34mm IM ERSTEN SCHRITT!
NOCH ZU VIEL, ER WAR AM JAMMERN
SOLLTE NOCHMAL DRÜBER RAMMELN!

33mm NOCH IMMER NICHT PERFEKT
NIMM NOCHMAL 3mm WEG!
ER KAM ZURÜCK UND SAGTE SCHEIßE!
IST ZU KURZ! DRAUF GEHT NIX MEHR ODER!?

ICH SAGTE; „NAJA, SPÄNE GEMACHT –
MATERIAL WAS AB IST, IST AB"!
SO UNGEFÄHR DAS Maß –
ES WAR HALT UNGEFÄHR ZU KNAPP!

ARBEITSSICHERHEIT

BEI EINEM VORSTELLUNGSGESPRÄCH
SO HAT ES SICH ZUGETRAGEN
BEI DER EINSTELLUNG, STELLTE DER CHEF –
DIE NACHFOLGENDE FRAGE

WAS MÜSSTE DENN PASSIEREN
DASS ICH GEHE UND KEINEN BOCK MEHR HABE
ICH WAR VERDUTZT AM ÜBERLEGEN
IST SIE ERNST GEMEINT, DIE FRAGE!?

HINTERGRUND DER GESCHICHTE
FLUKTUATION WAR GROß IN AKTION
MIR NOCH NICHT BEKANNT
IM MOMENT DER SITUATION

ANGESTELLT HABE ICH MICH GAR NICHT DUMM
DENN DIE ANTWORT FIEL DANN DOCH
SCHÖN GEKONNT UMSCHRIEBEN
KAM DIE ANTWORT HINTERHER NOCH

„NAJA SAGTE ICH – WENN DIE ARBEITSSICHERHEIT
UND DER AREBEITSSCHUTZ NICHT MEHR
GEWÄHRLEISTET IST"!
ENTGEISTERT SAH ER MICH AN, JA DAS VERSTEHE
ICH!

PARALLELITÄT

EINES TAGES STAND ICH AN DER MASCHINE
DRUNTER UND DRÜBER LIEF ES, WAR ROUTINE
DER MEISTER GANZ HEKTISCH, AUFGEBRACHT
MIR DIE AUFGABE VOREI GEBRACHT

-EILAUFTAG- GANZ EILIG
SCHNELL FERTIG WERDEN, WICHTIG WIE NIX
ER SAGTE ES MÜSSE SCHNELL GEHEN
SOLL DRÜBER ROTZEN, DRÜBER WIXEN

ICH SPANNTE DAS WERKSTÜCK AUF
SETZTE FRÄSER EIN UND SPINDELLAUF!
FUNKEN FLOGEN, KRACH UND SCHIEF
PLANGEFRÄST, SCHEPP UND KREATIV!

PARALLELITÄT STIMMT KEINES WEGES
EGAL! DENN SCHNELL, DAS GEHT ES!
DANN KAM DER MEISTER DER ANDEREN FIRMA
FRAGTE; „WAS MACHST DU DENN DA"!?

ICH SAGTE; „MEISTERAUFTRAG – WER BIST DU"!?
ER; „ICH BIN DER AUFTRAGGEBER, DU MACHST
KAPUTT"!
ICH SAGTE; „JA ICH WEIß; ABER GEHT FIX –
SOLL DRÜBER ROTZEN, DRÜBER WIXEN"!

ZEITARBEIT

EINES TAGES AM ARBEITSPLATZ
ZURÜCKERINNTERT GANZ GENAU
ES WAR EIN SONNTAG –
MEIN CHEF – DIE DUMME SAU!

...ER WAR NUR NIEDERLASSUNGSLEITER
AM RANDE SO BEMERKT
RIEF MICH UM 18:00 UHR AN –
FORTBILDUNG SEI VERKEHRT!

ICH FRAGTE WIE VERKEHRT!?
ER MEINTE ER CANCELT SIE MIR
DACHTE GUT, DAS KLÄREN WIR!
MIT DEM EXPERTEN HIER!

RIEF IN ESSEN IN DER ZENTRALE AN
HÖFLICH MICH ENTSCHULDIGT SO UM 18:30
ICH STÖRE JA NUR UNGERN
DOCH MIR LIEGT DAS QUER, GANZ EILIG

SAGTE DEM GESCHÄFTSFÜHRER
DASS DER LEITER MEINE FORTBILUNG STRICH!
ER SAGTE DARAUF, ER KÜMMERT SICH...
HALBE STUNDE SPÄTER, LEITER RUFT MICH AN –
DIE FORTBILDUNG SIE BLEIBT FÜR DICH!

STAND DER DINGE

STAND DER DINGE, LAGE GECHECKT
WAR LEIHARBEITER –
UNERWÜNSCHT
KARTEN AM TISCH AUFGEDECKT

SOLLTE WANDELN DURCH KONSTRUKTE
A NACH B, C BIS D, USW... EFG
ALS DANN DAS GEHLAT NICHT KAM UND –
DIE STUNDEN VERKEHRT WAREN AN DER ZAHL!

SO FUHR ICH ZUM PERSONALDIENSTLEISTER
STELLTE IHN ZUR REDE
BLA, BLA, BLA – GELD WAS ER
DOCH ÜBERWEISEN WERDE

NÄCHSTER TAG – GELD NICHT DRAUF
ICH STAND DARAUF AUF DER MATTE
SAGTE IHM KOMMT DAS GELD NICHT
IST ES DIE ARBEIT, DIE SICH ERLEDIGT HATTE!

NÄCHSTER TAG, ICH ZU HAUSE
OHNE GELD UND OHNE SPRIT!
PLÖTZLICH EINE ENTSCHULDIGUNG
GELD ÜBERWIESEN, WAS EIN RIESEN-HIT!

KNALLHARTE ACTION

KNALLHARTE ACTION, POWERPLAY
PENALTY, FREISTOß, MADE YOUR DAY
POSSIBILITY, IDENTITY
TASTE YOUR WAY, PHILOSOPHY

ECKSTOß, ANSTOß, ANPFIFF!
EINWURF, AUFSCHLAG, ABPFIFF!
LANGLAUF, KURZSPRINT, DAUERLAUF
MASSENAUFLAUF IM SCHLUSSVERKAUF

ANSICHT, AUSSICHT, EINSICHT, KURZSICHT
ANBEGINN, ZWISCHENZEIT, KURZGESCHICHT'
MORAL, ANAL, RAFFZAHN –
OHNE AUSWEG – MOTOR, EINBAHN

AMPEL AN, AMPEL AUS
STAMPFE AUS DEM HAUS RAUS
VOLLDAMPF, HEULKRAMPF, WETTKAMPF
TOLL MAN! HEUL MAN! RENN MAN!

SIE FÄHRT DIE LINIE, STATION FÜR STATION AN
WAS ER IN DER STRAßENBAHN ERAHNEN KANN
MÜLLTONNE, MÜLLABFUHR, MÜLLTRANSPORT
FÜR DIE FÜß, FÜR DIE KATZ', ZU „KNÜLLE" FÜR
DEN SPORT!

AUF DICH

AUF ALLE WEGE
ALLE NARBEN
AUF DEN GLANZ
UND DIE VERBLASSTEN FARBEN

AUF DIE GRAUSTUFEN
MONOCHROM-PIGMENTE
JENER EIGENE SONST SO –
SCHÖNEN MOMENTE

AUF DIE SCHERBEN
AUF DIE SPLITTER
OB SÜSS-SAUER ODER
HERB UND BITTER

AUF DAS LEBEN
AUF DICH – DEINEN WEG
AUF ALLES – DEIN TUN
UND WAS DICH BEWEGT

AUF DIE SEHNSUCHT
UND DIE ERFÜLLUNG
AUF DIE TRÄUME
UND DIE NOCH-VERHÜLLUNG

WENN NICHTS MEHR BLEIBT

WAS BLEIBEN NOCH FÜR WORTE
WELCHE BOTSCHAFT FÜR DIE ZEILEN
PASST AUF EUCH AUF –
IN JEDEN EURER ZEITEN

SEELENTROST UND PFLASTER
DOCH AUCH BENZINKANISTER
ÜBER ALLES GESCHRIEBEN
SPRENGT DEN ZEMENT, ZIEHT DIE REGISTER

TRÖSTENDE TEXTE
IN SCHWIERIGEN TAGEN
HARTE WORTE
AUCH ÜBER MEINE ZUNGE GETRAGEN

ERDE VERBRANNT
STAUB AUFGWÜHLT
ALLES GELEBT UND EMPFUNDEN
GESPÜRT UND AUCH GEFÜHLT

MACHT'S GUT
SEHEN UNS BEI DEN BÜHNEN
WENN ICH AUCH KEINE GEDICHTE MEHR SCHREIB
ES BLEIBEN ALL DIE BÜCHER!

Der Autor Christian Hofmann schließt mit diesem Band LOBLAND – Entgegen der Zeit seine Gedichte- und Lyrik-Reihe ab.

Der Autor, geb. 5.3.1986 in Biedenkopf lebhaft in Marburg an der Lahn, hat seit Anbeginn seiner Lyrikbände ca. 1000 Texte verfasst im Zeitraum vom 2006 – 2020.

Auf Bühnen publiziert er weiterhin diese Texte aus seiner Buchreihe, jedoch möchte der Autor sich ab dem Jahr 2021 anderen Schreib-Projekten widmen.

Eines steht fest, für den Autoren ist das Schreiben sein Leben und wenn ein Kapitel beendet ist, so beginnt ein neues...

In diesem Sinne wünscht der Ihnen liebe Leserinnen und lieben Lesern alles, alles erdenklich Gute!!!

Er bedankt sich für all die Unterstützung für den Erwerb seiner Bücher und freut sich auch weiterhin darauf, neue Projekte anzugehen und diese Ihnen bereitzustellen.

VIELEN DANK FÜR ALLES!!!
VIELEN DANK AN ALLE WEGBEGLEITER, ALL DIE LIEBEN UND WERTVOLLEN MENSCHEN UM MICH HERUM!!
DANKE AUCH AN DIE FEINDE UND NICHT SO TOLLEN MITMENSCHEN, IHR SEID AUCH DER GRUND – WARUM ICH NIE AUFGAB UND NIEMALS AUFGEBEN WERDE!!!

ICH ALS GESELLSCHAFTSKRITIKER, HABE DIE LESERINNEN UND LESER – WELCHE ICH MIR WÜNSCHTE UND NUN MEINE BÜCHER AUCH LESEN…

1000-DANKE AN SIE ALLE!!!

PASSEN SIE AUF SICH AUF, AUF ALL IHREN WEGEN!!!

IHR CHRISTIAN HOFMANN